Foundations Italian

1

Second Edition

Mara Benetti
Lecturer at Imperial College London

Carmela Murtas
Formerly Lecturer at the University of Westminster and Italian
Teacher Trainer at International House, London

Caterina Varchetta
Formerly Italian Lecturer and Co-ordinator at London Metropolitan University

Project Co-ordinator
Roberto Di Napoli
Senior Lecturer in Educational Development at
Imperial College London

Series Editor
Tom Carty
Formerly IWL/Programme Leader at Staffordshire University
and the University of Wolverhampton

Review Panel for the Second Edition

Luciana d'Arcangeli, Language Teaching Fellow, Modern Languages,
University of Strathclyde

Fiona Haig, Associate Lecturer, School of Language and Area Studies,
University of Portsmouth

Marisa Marmo, Italian Language Tutor, School of Modern
Languages and Cultures, University of Nottingham

Owen Reilly, part-time Tutor, University of Dundee

palgrave
macmillan

First edition 2001
Reprinted seven times
Second edition 2008

First published 2001 by
PALGRAVE MACMILLAN

Palgrave Macmillan in the UK is an imprint of Macmillan Publishers Limited, registered in England, company number 785998, of Houndmills, Basingstoke, Hampshire RG21 6XS.

Palgrave Macmillan in the US is a division of St Martin's Press LLC, 175 Fifth Avenue, New York, NY 10010.

Palgrave Macmillan is the global academic imprint of the above companies and has companies and representatives throughout the world.

Palgrave® and Macmillan® are registered trademarks in the United States, the United Kingdom, Europe and other countries

ISBN-13: 978–0–230–53782–8
ISBN-10: 0–230–53782–0

This book is printed on paper suitable for recycling and made from fully managed and sustained forest sources. Logging, pulping and manufacturing processes are expected to conform to the environmental regulations of the country of origin.

A catalogue record for this book is available from the British Library.

Audio production: University of Brighton Media Centre
Produced by Brian Hill
Voices: Modesto Simone, Antonio Borraccino, Mara Benetti, Carmela Murtas, Caterina Varchetta, Rino Bosso & Anna Barresi

10 9 8 7 6 5 4 3 2
17 16 15 14 13 12 11 10 09

Printed and bound in China

CONTENTS

OVERVIEW

Unit	Topics/functions	Grammar
UNIT 1 **Come ti chiami?** What's your name?	Pronunciation of Italian words; greetings; information about self and others – name, nationality, and residence	• Nouns • Adjectives • Personal pronouns (subject) • Verbs: **essere**, verbs ending in **-are** and reflexive verbs ending in **-arsi**
UNIT 2 **Al lavoro e in famiglia** Work and family	Asking and answering questions about jobs; talking about one's and other people's family; counting up to one hundred	• Definite articles (singular) • Possessive adjectives • Plural of nouns • Verbs: **fare, avere**
UNIT 3 **Una giornata tipica** A normal day	Talking about one's daily routine; giving and asking the time; enquiring about shop opening hours; days of the week, parts of the day and meals	• Definite articles (plural) • Verbs: regular ending in **-are**, **-ere**, and **-ire**; reflexive verbs irregular verbs – **andare, fare, uscire** • Negative form of the verb
UNIT 4 **Il tempo libero** Free time	Talking about likes and dislikes; expressing preferences; discussing how you spend your weekends and free time; saying how often you do certain activities	• The verb **piacere** • Agreement and disagreement with **piacere** • Verbs in **-ire** following the pattern of **preferire** • Adverbs of frequency – **raramente, spesso, qualche volta, sempre**…
UNIT 5 **Al bar** At the café	Ordering food and drinks in bars and restaurants; booking into a hotel room; colours	• Indefinite articles • **There is/there are** • Prepositions

Unit	Topics/functions	Grammar
UNIT 6 **A casa** At home	Describing one's house; making enquiries about renting a room; understanding property advertisements; describing towns	• Combined prepositions • Prepositions and adverbs of place • Duration form with **da**
UNIT 7 **In città** In town	Finding your way around in town; asking for and giving directions; buying a train ticket.	• The **imperative** (informal and formal) of the regular verbs • The imperative of irregular verbs • The negative form of the imperative
UNIT 8 **Ti va di ...?** What about...?	Arranging meetings; suggesting something to do; dealing with telephone calls; describing people's physical appearance and personality.	• Direct object pronouns • Verbs taking a direct object • Indirect object pronouns
UNIT 9 **Cosa hai fatto ieri?** What did you do yesterday?	Talking about past events; asking and answering questions about past events	• The **passato prossimo** • Verbs taking the auxiliary **essere** and verbs taking **avere** • The **passato prossimo** with a direct object
UNIT 10 **Alla ricerca di un lavoro** Looking for a job	Writing a CV; understanding and replying to job adverts; talking about your past work experience, your future plans and aspirations	• How to express the future • **Penso di** + infinitive • **Forse** + present indicative • The conditional of **volere** • The conditional of **piacere** • The imperfect tense (an introduction)

TRACK LISTING

Two CDs are supplied with this book. They contain all the audio material to accompany the exercises in this book.

- Where there is an audio element for an exercise it is marked with a icon or with a 🎧 icon for Listen and repeat.
- Every exercise has its own track which will help you locate the material very easily.
- All the audio for the **Ancora un po' di pratica** section is on CD2.
- Tutors who require digital licences for this audio material should visit http://www.palgrave.com/modernlanguages/license.asp#Digital.

Acknowledgements

The authors would like to thank Pratik Saha whose help was crucial throughout all the stages of creating this course.

The authors and publishers would like to thank the Ann Ronan Picture Library for use of the photos of Sophia Loren and Leonardo Di Caprio on page 14. The following illustration sources are also acknowledged: Tiggy Ansell p. 56; Mara Benetti pp. 4, 5, 30, 70, 99, 102, 122, 129, 130, 133; Chris Glennie p. 135; iStock International Inc. pp. 11, 12, 54, 55, 95, 120; The Italian State Tourist Board (E.N.I.T.) London pp. 29, 86; Paul & Cynthia Tyler p. 27; Caterina Varchetta pp. 18, 32, 90, 103, 104, 111, 134.

Every effort has been made to trace all copyright holders, but if any have inadvertently been overlooked the publishers will be pleased to make the necessary arrangements at the first opportunity.

INTRODUCTION

Mainly for the tutor

See also the *Mainly for the student* section which follows...

Foundations Italian 1 is a course for beginners, principally aimed at students taking a language module on an Institution-Wide Languages Programme (IWLP) or as an option on their degree. In terms of the Common European Framework, overall it delivers level A2 plus, with several competences at B1. It forms part of the *Foundations Languages Series* which is specifically designed for IWLPs and similar provision. Its structure and content are informed by research and consultation within the HE sector and the authors are experienced tutors on IWLP-style university courses. We keep closely in touch with departments using *Foundations Languages* courses and are particularly grateful to the members of the *Foundations Italian 1 Review Panel* for their feedback and ideas, which contribute to this second edition. To find out more about the series, visit the dedicated website at **www.palgrave.com/ modernlanguages**

Structure

The course is designed to fit the typical university teaching year and assumes two or three hours of class contact per week. Intensive courses with more contact hours will take commensurately less time. For such courses *Foundations Italian 2* is the ideal follow-up. There are ten units, structured in the same way. Extension work, pairwork pages and a private study strand provide flexibility. Grammar and vocabulary are fully supported within each unit as well as in the reference pages. The standard format for each unit, with only minor occasional exceptions, is as follows:

Element	Pages	Function	Skills*
Core	6	Introduces, practises new material	LSRW
Extra!	1	Extension work (e.g. longer dialogues, more demanding reading)	LR
Grammatica	2	One page exposition, one page exercises	
Glossario	1	Italian-English, listed by exercise	
Lavoro di coppia	2	Consolidation	S
Ancora un po' di pratica	2	Consolidation, private study	LSRW

*Skills – L = Listening, S = Speaking, R = Reading, W = Writing

Methodology

The introduction of new material is carefully prepared and dosed. Typically, it builds upon a listening item, most often combined with reading-based exercises on the text of the dialogue, sometimes with questions, wordsearch or matching exercises. Once the input is introduced, follow-up exercises apply and develop it.

To facilitate the use of Italian in the classroom, the exercises in the unit cores are marked with an icon indicating the linguistic activity or activities involved. They are listed and explained on page xiv.

Recorded material

There are two CDs accompanying the course. Digital licences are also available. Visit http://www.palgrave.com/modernlanguages/license.asp#Digital for more information.

Mainly for the student

1. Structure

There are ten **units** which all have the same clear, consistent structure, which you will soon get used to.

The **core** section is six (sometimes eight) pages in which new material is introduced, then practised and used in various ways. Each unit is divided into numbered items. Two CDs accompany the textbook.

The core is followed by a page headed **Extra!**. This material, while on the same topics as the core, makes extra demands and is that bit more challenging. Two pages (in Unit 8 three) are then devoted to the **grammatical structures** you have encountered in the unit, with exercises to practise them. The next page is the **new vocabulary** from the unit. Then come two pages of **partnerwork**, communication exercises where you are given prompts for half a conversation (Partner A page) and your partner has the prompts for the other half (Partner B page).

Beginning on page 131 there are **supplementary exercises** for each unit. These are for work outside the classroom. Your tutor may sometimes set work from these pages or you can use them as and when suits you to consolidate what you have done from the unit core.

For reference there is a **guide to intonation and pronunciation**, a **guide to grammatical terms**, an overall **grammar summary, verb tables** and a **vocabulary list**. Also at the end of the book, you will find **answers** to all the exercises.

2. Using the book

Each unit is focused on one or more themes or situations in which the language is used. The short **summary** at the start of the unit tells you what the themes are and describes what you will be able to do with the language once you have completed the unit. That's a key word (*do*): while language-learning requires and develops knowledge and understanding, it above all means developing the capability of using the language in given circumstances.

The **core** contains the input (new language) for the unit as well as a range of tasks designed to help you master it and make it your own. The key inputs come in various forms such as: <u>presentation</u>, when you are given, for example, the numbers or the system for telling the time; <u>listening exercises</u>, especially involving gap-filling; <u>matching exercises</u>, where you are introduced to new words or structures by matching up a word or phrase with a picture, a person with an activity or by questions and answers in a dialogue; <u>reading exercises</u>, where you may, for example, be asked to re-arrange the order of a dialogue or narrative; <u>using a model</u>, the best example of which is working on your pronunciation and intonation using the audio.

Whatever the form of input, it is absolutely vital to spend time and effort mastering this material. Be guided by your tutor. He or she will introduce it in class or ask you to prepare it in advance. If there's a word or phrase you're unsure of, turn to the vocabulary page for the unit and check. If a grammatical point puzzles you, refer to the unit grammar pages or the Grammar summary towards the end of the book. If you wonder what a grammatical term means, look it up in the Guide to grammatical terms just before that Grammar summary.

The material introduced in an input exercise flows into exercises in the section(s) immediately following, enabling you to practise, use and master this language.

The exercises practising and applying the input material are carefully devised to enable you to progress and consolidate in manageable steps. They are very varied, as the following examples show. They include above all many <u>speaking exercises</u>, typically involving you working with a partner. Here, you are communicating in a controlled situation, using the language introduced in the input sections; there are also <u>listening</u> and <u>reading exercises</u> involving gap-filling, answering questions and re-ordering information or correcting errors etc.

<u>Grammar exercises</u> develop your ability to deduce rules from examples as well as to recognise and use the structures of Italian correctly. Grammatical points are highlighted in boxes throughout the core pages of each unit. As to <u>writing,</u> work in the unit core is mostly carefully controlled.

After you have done these exercises in class (or gone over them there, having prepared them in advance), make sure you revise the input material and key structures in your private study time.

The **Extra!** page in each unit gives you the opportunity of further developing your Italian, taking in particular listening and reading skills beyond the confines of the core input material while staying on related topics. The listening material is lively and natural and you have to extract specific information from it. In such exercises, it's important to avoid the temptation to fret over every word: check out the information you are being asked for and listen with that in mind.

The **grammar** pages follow. In each unit, the first page gives you a clear overview of the grammar content of the unit, the second provides a set of short exercises so you can test yourself (answers at the back of the book). Don't skip these pages: they simply clarify and check off grammatical structures you have met with and used in the course of the unit. This is how you become aware of the language as a system.

The **vocabulary** page gives the new words item by item in the order in which they occur in the unit. Learn them as you go along and revise them regularly.

The **partnerwork** material can be used in or out of the classroom to develop communication skills. The scenarios are always based on the material in the unit core, so you are securely in a known context. The challenge is to use the language you have learnt to communicate information your partner needs and to respond to what he or she says.

The **supplementary exercises** give further practice on a unit-by-unit basis and are designed to be used in private study. Answers are given at the back of the book. As the section *Learning a Language* stresses, work outside the classroom, both that set by the tutor and that done on your own initiative to meet your own priorities, is an essential part of a taught language course.

Now you have a clear idea of how the book is designed to be used, read the section on *Learning a language* which follows. It gives detailed practical advice which will help you to get maximum benefit from your course.

LEARNING A LANGUAGE

A language-learning programme is essentially workshop-based rather than lecture-based. It involves active classroom sessions and a variety of social interactions, including working with a partner, small-group activity and role-play, as well as answering questions, and working through exercises. Feeding into the classroom sessions and flowing from them is what is called *directed study*, set by your tutor but allowing you a lot of flexibility in organising your work in ways that suit you. Beyond that there is *private study*, where you determine the priorities.

Increasing attention is now paid to **transferable skills**, that is skills which are acquired in one context but which can be used in others. Apart from competence in the language itself, successful language learning is also recognised to be rich in skills particularly valued by employers such as communication skills and self-management.

How can you make sure you get maximum benefit from your course?

1. A practical point first. Check the course or module guide and/or syllabus to see exactly what is required of you by your university or college. In particular, find out how the course or module is assessed. The course guide and assessment information will probably be expressed in terms of the four language skills of listening, speaking, reading and writing. The relative importance of these skills can vary between institutions.

2. Remember this is a taught course – you're not on your own. **Your tutor** is there to guide you. Using the material in the book, he or she will introduce new structures, ensure you practise them in class and then enable you to produce similar language until you develop the capacity to work autonomously. The first rule of a taught language course, then, is to follow your guide.

3. Of course a guide can't go there for you. While your tutor will show you the way, **only you can do the learning**. This means hard work both in the classroom and outside the timetabled hours.

4. **Regular attendance** at the language class is vital. This isn't like a lecture-based course, where you can miss one session and then catch up from a friend's notes or even live with the fact that there is going to be a gap in your knowledge. A language class is a workshop. You do things. Or to put it more formally, you take part in structured activities designed to develop your linguistic competence.

5. But mere attendance isn't enough. Being there isn't the same thing as learning. You have to **participate**. This means being an active member of the class, listening carefully, working through the exercises, answering questions, taking part in dialogues, contributing to group work, taking the risk of speaking without the certainty of being right. It also means preparing before classes and following up afterwards …

6. … because what you do **outside the classroom** is vital, too. While new topics will normally be introduced in class, your tutor will also set tasks which feed in to what you will be doing in the next session. If you don't do the preparation, you can't benefit from the classroom activity or the tutor will have to spend valuable time going over the preparation in class for the benefit of those who haven't done it in advance. Classroom contact time is precious, normally no more than two or three hours a week, and it's essential to use that time to the best effect. Similarly, the tutor will sometimes ask you to follow up work done in class with tasks designed to consolidate or develop what you have done.

7. You should also take time to **review** and reflect on what you have been doing, regularly going over what you have done in class, checking your learning. This will also enable you to decide your priorities for private study, working on areas you find difficult or which are particular priorities for you (see point 9 below).

8. This assumes that you are **organised**: keep a file or notebook, in which you jot down what you have done and what you plan to do. It's a good idea to work for several shortish bursts a week than for a long time once a week.

9. While a lot of out-of-class work will be done at home, your university or college will probably have a Learning Centre, **Language Centre** or similar facility in the library. Check this out and use whatever you can to reinforce and supplement what you are doing in class and from this textbook. Make sure any material you use is suitable for your level: it will probably be classified or labelled using categories such as *Beginners*, *Intermediate* and *Advanced*.

Possible resources: audio cassettes or CDs, videos, satellite TV, computer-based material, the internet, books (language courses, grammar guides, dictionaries, simple readers), magazines and newspapers, worksheets. Possible activities: listening comprehension, pronunciation practice, reading comprehension, grammar exercises, vocabulary exercises. Computer-based materials and worksheets will usually have keys with answers.

It is possible your tutor will set specific work to be done in the Language Centre or that you will be expected to spend a certain amount of time there, otherwise you should find times during your week when you can drop in. The course assessment schedule may include a **portfolio** for which you choose course work items according to guidelines set by the tutor/course.

10. Don't be afraid of **grammar**. This is simply the term for how we describe the way a language works. Learn it and revise it as you go along. There are boxes with grammar points throughout each of the units in this book, a grammar summary for each unit and a grammar overview for the whole book. You probably feel hesitant about grammatical terms such as *direct object* or *definite article* but they are useful labels and easily learned. There is a guide to such terms towards the end of the book.

11. In addition to listening-based work in class, you should regularly work in your own time on the accompanying audio material. Try to reproduce the **pronunciation and intonation** of the native speakers on the recording. It's easier if you work at this from the start and establish good habits than if you approximate to the sounds of the language and have to correct them later. It's important that you repeat and speak out loud rather than in your head. Why not work with a friend?

12. Always bear in mind that, in learning a foreign language, you can normally understand (listening and reading) more than you can express (speaking and writing). Above all, relax when listening or reading, remember **you don't have to be sure of every word** to get the message and you don't need to translate into your native language.

13. Regular **practice** is the key. Remember *fluency* comes from the Latin for 'to flow': it means speaking 'flowingly', not necessarily getting everything perfectly right. It is also a good idea to dip back into earlier units in the book to test yourself.

14. Universities and colleges are increasingly international and you will almost certainly be able to make contact with **native speakers** of Italian. Try out your language, get them to correct your pronunciation, find out about their country and culture.

   And cheap flights mean that you can afford to go there …!

15. And finally, **enjoy** your language learning!

Tom Carty, *Series Editor*

SIMBOLI/SYMBOLS

These symbols appear next to the rubric of most exercises and indicate the type of skill or activity required.

 Ascolta — Listen

 Ascolta e ripeti — Listen and repeat

 Leggi — Read

 Scrivi — Write

 Trova la regola — Find the rule

 Lavoro di coppia — Pair work

 Lavoro di gruppo — Group work

 Cerca la parola — Wordsearch

Come ti chiami?

1

In this unit you will learn how to pronounce Italian words and how to greet people. You will practise giving basic information about yourself and asking others for their personal details. You will learn to understand spoken and written information about individuals.

1 What Italian words do you already know? Make a list.
Your teacher will ask you the English meaning of these words.

Come si dice in inglese *caffè*?/How do you say **caffè** in English?

2 Guarda le pubblicità qui sotto, ascolta e ripeti/Look at the following Italian adverts, listen and repeat.

Per ogni casa italiana c'è un Piumino Danese.

3 L'alfabeto italiano/The Italian Alphabet

A	**a**	a	**H**	**h**	acca	**Q**	**q**	cu
B	**b**	bi	**I**	**i**	i	**R**	**r**	erre
C	**c**	ci	**L**	**l**	elle	**S**	**s**	esse
D	**d**	di	**M**	**m**	emme	**T**	**t**	ti
E	**e**	e	**N**	**n**	enne	**U**	**u**	u
F	**f**	effe	**O**	**o**	o	**V**	**v**	vi/vu
G	**g**	gi	**P**	**p**	pi	**Z**	**z**	zeta

Lettere 'straniere'/'Foreign' letters: imported into Italian with words from other languages e.g. **kilo**

J	**j**	i lunga	**W**	**w**	doppia vu	**Y**	**y**	ipsilon/i greca
K	**k**	cappa	**X**	**x**	ics			

4 Ascolta e scrivi le parole/Listen and write down the words.

Ora chiedi il significato delle parole che non conosci all'insegnante/Now ask your teacher the meaning of the words you don't know.

Come si dice in inglese **facoltà**?

5 Uomo o donna/Is it a man or a woman?

Paolo Alberto Chiara Fabio Teresa Daniele Simone Anna Daniela Adele Francesco Adelaide Gastone Antonio Livio Mauro Giuseppe Carmela Roberto Davide Marco Rosaria Massimo Caterina Mara Lauro Cinzia Milena Valerio Romeo Claudio Irene Alessio Laura Franca Dario Carla Ivana Luciano Susanna Pietro Silvana Lucia Riccardo Gemma Gioia Ugo

grammatica

Nouns		
-o	masculine	**Marco, gelato**
-a	feminine	**Maria, casa**
-e	masculine	**Davide, stile**
-e	feminine	**Irene, informazione**

6 Saluti/Greetings

Buongiorno

Ciao

Buonasera

Arrivederci

Buonanotte

Arrivederla

Buongiorno and **Buonasera** are used both when meeting and leaving somebody, usually in formal contexts. However, you may hear them in informal contexts too. **Ciao** is always an informal greeting used for saying either 'hello' or 'goodbye'. It can be substituted by **Salve**. **Buonanotte** is used before going to bed or when leaving after an evening out with one or more people, in both formal and informal contexts. **Arrivederci** means 'goodbye' and can be used, both formally and informally, to address an individual or a group. **Arrivederla** is used to say 'goodbye' to a person with whom you have a formal relationship (e.g. a university professor).

7 Come si salutano queste persone?/Decide the appropriate form of greeting.

a   b   c   d   e

f   g   h   i

1 Come ti chiami?

8 a Ascolta e completa con le informazioni mancanti/Listen and fill in the gaps with the missing information.

1 **Nella segreteria dell'Università, la segretaria chiede ad uno studente nome, nazionalità, città di provenienza e luogo di residenza**/At the faculty office the secretary asks a student for his name, nationality, birthplace and current place of residence.

A	B
Buongiorno!	Buongiorno!
Come si chiama?	Mi chiamo_____ .
Di dov'è?	Sono spagnolo.
Di dove esattamente?	Di _____ .
Abita in Spagna?	No, abito in Italia.
Dove?	A _____ .

2 **Ad una festa, un ragazzo chiede ad una ragazza le stesse informazioni**/At a party, a boy asks a girl for the same information.

A	B
Ciao!	Ciao!
Come ti chiami?	_____ Paloma. E tu?
Marco. Di dove sei?	_____ spagnola.
Di dove?	Sono _____ Madrid. E tu?
Sono italiano, di Roma. Dove abiti?	Abito qui _____ Roma.

b Ora, con un/a partner fa' i dialoghi qui sopra usando i tuoi dati personali/Now with a partner act out the dialogues above using your own data.

Venezia, Santa Maria della Salute

grammatica

Asking formally
Come si chiama?
Di dov'è?
Dove abita?

Asking informally
Come ti chiami?
Di dove sei?
Dove abiti?

Answering (both formal and informal)
Mi chiamo ....
Sono spagnolo/spagnola ....
Sono di Roma/Madrid/Londra ....
Abito in Italia/Spagna/Inghilterra ....
Abito a Roma/Madrid/Londra ....

Note: **in** + country, **in Italia**; **a** + town, **a Londra**; **di** + city of origin, **di Londra**.

9 Ascolta e completa/Listen and fill in the gaps.

Tom _____?
Pierre No, sono francese.
Tom _____?
Mary No, sono inglese.

grammatica

Adjectives of nationality

-o (m) **-a** (f)
italiano/italiana
spagnolo/spagnola

-e (m/f)
inglese
francese

Note that in Italian people always say: **Sono inglese** 'I'm English' and NEVER **Sono dell'Inghilterra** 'I'm from England'.

Una villa a Ravello

10 **Guarda la cartina qui sotto, ascolta e completa con le lettere mancanti**/Look at the map below, listen and complete.

Abito in...

| 1   ITALIA | 2   FRAN _ _ _ | 3   SPA _ _ A | 4   PORTO _ _ _ _ O | 5   _ _ _ MANIA |

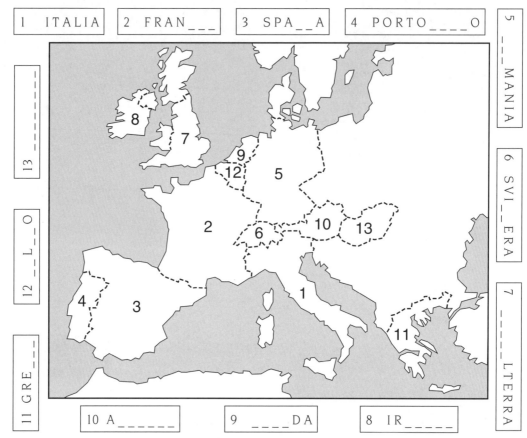

13   _ _ _ _ _ _ _

12   _ _ L _ O

11   GRE _ _ _

6   SVI _ _ ERA

7   _ _ _ _ _ LTERRA

| 10 A _ _ _ _ _ _ | 9   _ _ _ _ DA | 8   IR _ _ _ _ _ |

11 **Ascolta e metti un segno (✓) accanto alle nazionalità menzionate**/Listen and put a tick next to the nationalities you hear.

Di dove sei?

italiano	americano	francese	messicana
gallese	brasiliana	turco	canadese
tedesca	svizzero	olandese	italiana
messicano	americana	turca	brasiliano
portoghese	spagnolo	spagnola	greca
marocchino	austriaco	tedesco	algerino
svedese	inglese	greco	irlandese
argentina	albanese	nigeriano	cinese
indiano	nigeriana	australiana	scozzese

Se ci sono nazionalità che non conosci, chiedi all'insegnante oppure controlla la lista a pagina 10/If there are nationalities you do not know, ask your tutor or check the list on page 10.

Extra!

12 **Primo giorno all'Università di Siena! Gli studenti si presentano alla classe. Ascolta e completa la tabella**/First day at the University of Siena! The students introduce themselves to the class. Listen and complete the table.

Before you do the exercise, check the subject list on page 10.

	Nome	Nazionalità	Città di provenienza	Materia di studio
a				Ingegneria
b				
c				Legge
d				Lingue
e				
f				Lettere
g				

13 **Leggi e rispondi alle domande**/Read and answer the questions below.

> A: ....
>
> **Oggetto: Tandem – European Universities**
>
> Oggetto: Tandem – European Universities
>
> Ciao! Mi chiamo Mark. Sono uno studente inglese di Manchester e studio architettura all'Università di Westminster. Sono al terzo anno e quest'anno faccio anche un corso di italiano perché un giorno voglio andare a vivere in Italia. E tu, che cosa studi? Di dove sei? Dove abiti?
>
> Rispondi presto ...

a Where is Mark from?   **c** What year is he in?
b What does he study?   **d** Why does he want to learn Italian?

14 **Rispondi al messaggio includendo la tua nazionalità, la città di provenienza e la materia di studio**/Reply to the message including your nationality, the town you come from and the subject you are studying.

Grammatica/GRAMMAR

~ Nouns

Nouns have a gender, masculine or feminine.

- Nouns ending in **o** are usually masculine.
  gelato   alfabeto   libro   fratello   ragazzo
- Nouns ending in **a** are usually feminine.
  sorella   città   nazionalità   Italia   sera
- Nouns ending in **e** can be either masculine or feminine. In order to know the gender of a word, you must always look it up in the dictionary or ask your teacher.
  notte (f)   **caffè** (m)   **nazione** (f)

~ Adjectives

Adjectives agree in gender and number with the noun they refer to and they usually follow the noun. There are two categories of adjectives:

Adjectives ending in **o/a**	Adjectives ending in **e**
ragazzo italiano (m)	**ragazzo inglese** (m)
ragazza italiana (f)	**ragazza inglese** (f)

Adjectives ending in **e** have the same ending for the feminine and masculine.

~ Personal pronouns

Personal pronouns (the words for 'I', 'you', etc.) are normally omitted, because, unlike English, the ending of the verb tells you immediately who/what the subject is. The words 'I', and 'you', when they are used, are:

io (I)   **tu** (you informal)   **Lei** (you formal)

Only the formal 'you' **Lei** can be written with a capital letter in the course of a sentence. However, in contemporary usage, the small **l** is normally accepted.

~ Verbs

Here is the present tense of the verb **abitare** 'to live'. It follows the regular pattern of all verbs ending in **-are** (see regular verb tables p.167). Note the endings.

(io)	abit**o**	I live
(tu)	abit**i**	you live
(Lei)	abit**a**	you live

Here is the present tense of the verb **chiamarsi** 'to be called'. It follows the regular pattern of all reflexive verbs ending in **-arsi**. Note the endings and the reflexive pronouns.

(io)	<u>mi</u> chiam**o**	I'm called
(tu)	<u>ti</u> chiam**i**	you are called
(Lei)	<u>si</u> chiam**a**	you are called

The verb **essere** 'to be' is irregular (see auxiliaries verb tables p.167).

(io)	**sono**	I am
(tu)	**sei**	you are
(Lei)	**è**	you are

Esercizi di grammatica/GRAMMAR EXERCISES

Adjectives

1 Complete the sentences with the appropriate nationalities.

   a Mi chiamo Angela (f). Sono _____ (Italia).
   b Mi chiamo Pierre (m). Sono_____ (Francia).
   c Mi chiamo Boulaji (f). Sono_____ (Nigeria).
   d Mi chiamo Ramon (m). Sono_____ (Spagna).
   e Mi chiamo Nilza (f). Sono _____ (Brasile).
   f Mi chiamo Anja (f). Sono _____ (Germania).
   g Mi chiamo Stephen (m). Sono _____ (Canada).
   h Mi chiamo Arnd (m). Sono _____ (Austria).
   i Mi chiamo Robert (m). Sono_____ (Inghilterra).
   j Mi chiamo Fusae (f). Sono _____ (Giappone).
   k Mi chiamo Mohammed (m). Sono_____ (Algeria).
   l Mi chiamo Firmin (m). Sono_____ (Messico).

Pronouns

2 Fill in the gaps with **mi**, **ti** or **si**.

   a Come _____ chiami? – _____ chiamo Gianni.
   b Come _____ chiama, Signora? – _____ chiamo Patricia.
   c _____ chiami Martha? – No, _____ chiamo Sue.
   d _____ chiama Rossi? – Sì.

Verbs

3 Complete the sentences with the appropriate form of a verb: **abitare, studiare, essere, chiamarsi**. Sometimes more than one verb might make sense.

   a Lei _____ a Roma? No, – _____ a Milano.
   b _____ di Parigi, ma _____ a Londra.
   c Marco, di dove _____ ? – _____ di Perugia. E tu?
   d Lei, come _____ ? – _____ Arnd Schneider.
   e Anna, che cosa _____ ? – _____ Lingue.
   f Professore, dove _____ ? – _____ in via Mazzini.
   g Lei _____ italiano? – No, _____ argentino, di Buenos Aires.

Question words

4 Complete the sentences with the appropriate question words: **come, che cosa, dove, di dove**.

   a _____ studia? – Legge.
   b _____ abita? – In Spagna.
   c _____ sei? – Sono francese.
   d _____ ti chiami? – Aude Ravel.

Glossario/GLOSSARY

4

università	university
facoltà	faculty
Ingegneria	Engineering
Architettura	Architecture
Lettere	Humanities
Filosofia	Philosophy
Lingue	Languages
Legge	Law
Chimica	Chemistry
Biologia	Biology
Farmacia	Pharmacy
Medicina	Medicine
Fisica	Physics
Economia	Economics
Informatica	Computing

6

buongiorno	good morning
buonasera	good evening
buonanotte	good night
ciao/salve	hi, hello/goodbye (inf)
arrivederci	goodbye (inf/for)
arrivederla	goodbye (very for)

8

come si chiama?	what's your name? (for)
come ti chiami?	what's your name? (inf)
mi chiamo…	my name is…
di dov'è?	where are you from? (for)
di dove sei?	where are you from? (inf)
di dove esattamente?	where from exactly?
sono spagnolo	I'm Spanish
dove abita?	where do you live? (for)
dove abiti?	where do you live? (inf)
abito qui	I live here

11

italiano/a	Italian
gallese	Welsh
tedesco/a	German
messicano/a	Mexican
portoghese	Portuguese
marocchino/a	Moroccan
svedese	Swedish
argentino/a	Argentinian
indiano/a	Indian
americano/a	American
brasiliano/a	Brazilian
svizzero/a	Swiss
austriaco/a	Austrian
inglese	English
albanese	Albanian
nigeriano/a	Nigerian
francese	French

turco/a	Turkish
olandese	Dutch
spagnolo/a	Spanish
greco/a	Greek
australiano/a	Australian
canadese	Canadian
algerino/a	Algerian
irlandese	Irish
cinese	Chinese
scozzese	Scottish
giapponese	Japanese
neozelandese	New Zealander
belga	Belgian
pakistano/a	Pakistani
danese	Danish
norvegese	Norwegian
tailandese	Thai
islandese	Icelandic
egiziano/a	Egyptian

13

uno studente	a student (m)
una studentessa	a student (f)
sono di Manchester	I'm from Manchester
e	and
studiare	to study
studi	you study (inf)
terzo anno	third year
quest'anno	this year
faccio	I do
anche	also
un corso	a course
perché	because/why
un giorno	one day
andare	to go
vivere	to live
che cosa	what
rispondi	answer!
presto	soon

Grammatica

alfabeto	alphabet
libro	book
fratello	brother
ragazzo/a	boy/girl
sorella	sister
città	city/town
nazionalità	nationality
Italia	Italy
sera	evening
notte	night

Lavoro di coppia

nome	name
residenza	residence

Lavoro di coppia/PARTNER WORK

A

1 Presentazioni/Introductions

Introduce yourself to your partner. After greeting him/her, tell him/her:

- ▸ your name
- ▸ your nationality
- ▸ the town or city you come from
- ▸ where you live
- ▸ that you are a student
- ▸ what you are studying

At the end your partner will check whether the information s/he has written down is correct. S/he will use the informal 'you'.

Useful words:

giusto	right
sbagliato	wrong
puoi ripetere, **per favore**?	can you repeat that, please?

And now swap roles.

2 Role-plays

a You are at the police station in Milan and you've lost your passport. The policeman on duty asks you for your personal details.

b You're at a party. You're extremely attracted to someone there. Ask as many questions as you can in order to make friends.

Buon divertimento!
Have fun!

Lavoro di coppia/PARTNER WORK

1 **Presentazioni**/Introductions

Greet your partner in Italian, then listen carefully to what s/he tells you, jotting down key words when it helps.

At the end, check the information with your partner by making a series of statements. Use the informal 'you': **Abiti a Manchester** 'You live in Manchester'. Your partner will then tell you whether you are correct or not.

Useful words:

giusto	right
sbagliato	wrong
puoi ripetere, **per favore**?	can you repeat that, please?

And now swap roles.

2 Role-plays

a You work at the police station in Milan and someone comes to you to report the loss of their passport. Ask the appropriate questions in order to fill in the form below.

Nome: ───────────────────────

Nazionalità: ─────────────────

Residenza: ──────────────────

b You're at a party. Someone approaches you and asks you about yourself.

Buon divertimento!
Have fun!

2 Al lavoro e in famiglia

By the end of this unit you will be able to ask and answer questions about jobs. You will also learn to ask and give personal information about somebody else, to talk about families and to count up to a hundred.

1 Fa' corrispondere l'inglese all'italiano/Match the English words with their Italian equivalent. Note that some names of jobs do not change between masculine and feminine.

the architect	il segretario/la segretaria
the translator	il traduttore/la traduttrice
the secretary	l'attore/l'attrice
the student	lo psicologo/la psicologa
the policeman/policewoman	l'insegnante
the psychologist	l'agente di polizia
the actor/actress	l'architetto
the teacher	lo zoologo/la zoologa
the zoologist	lo studente/la studentessa

grammatica

Definite articles: 'the'

il	lo	la	l'
masculine	masculine	feminine	masculine/feminine
before consonant	before **s** + consonant before **ps, z, gn, y, x**	before consonant	before vowel
il traduttore	**lo studente**	**la segretaria**	**l'attore**
il segretario	**lo psicologo**	**la psicologa**	**l'attrice**

2 Ascolta e completa/Listen and fill in the blanks.

a
A Come ti chiami?
B _____ .
A Sei italiano?
B Sì, di _____ e tu?
A Sono _____ . Che lavoro fai?
B Sono _____ e tu?
A Io faccio la _____ .

b
A Come si chiama?
B _____ .
A È americano?
B No, sono inglese e lei?
A Sono _____ .
B Che lavoro fa?
A Faccio l' _____ .

grammatica

Asking in an informal context	Asking in a formal context
Che lavoro fai? What do you do?	**Che lavoro fa?** What do you do?
Talking about oneself	
Sono + profession	**Sono architetto.** I am an architect.
Faccio + article + profession	**Faccio l'architetto.** I am an architect.

3 **Leggi la descrizione di Sophia Loren qui sotto e descrivi Leonardo Di Caprio secondo i dati**/Read Sophia Loren's profile below and write Leonardo Di Caprio's profile using the data provided.

Nome: **Sophia Loren**

Nazionalità: **italiana**

Professione: **attrice**

Residenza: **Ginevra**

Nome: **Leonardo Di Caprio**

Nazionalità: **americano**

Professione: **attore**

Residenza: **Los Angeles**

Si chiama Sophia Loren, è italiana,
è attrice e abita a Ginevra.

_____

_____

grammatica

Talking about somebody else

Si chiama Piero/Maria.   His/Her name is Piero/Maria.
Fa il medico.   He/She is a doctor.
Abita a Roma.   He/She lives in Rome.
È inglese.   He/She is English.

Note the difference: **è** he/she/it is; **e** and.

4 **Ascolta Paul e Tom che parlano di Kate e completa**/Listen to Paul and Tom who are talking about Kate and fill in the gaps.

Paul	**Tom**
Come si chiama?	_____ .
E di dov'è?	Di _____ .
Ma dove abita?	A _____ .
Che lavoro fa?	Fa l'_____ .

grammatica

Asking about somebody else

Come si chiama?   What is his/her name?
Di dov'è?   Where is he/she from?
Dove abita?   Where does he/she live?
Che lavoro fa?   What does he/she do?

5 Ecco i numeri da zero a cento/Here are the numbers from zero to one hundred.

0 zero	8 otto	16 sedici	24 ventiquattro	40 quaranta
1 uno	9 nove	17 diciassette	25 venticinque	50 cinquanta
2 due	10 dieci	18 diciotto	26 ventisei	60 sessanta
3 tre	11 undici	19 diciannove	27 ventisette	70 settanta
4 quattro	12 dodici	20 venti	28 ventotto	80 ottanta
5 cinque	13 tredici	21 ventuno	29 ventinove	90 novanta
6 sei	14 quattordici	22 ventidue	30 trenta	100 cento
7 sette	15 quindici	23 ventitré	31 trentuno	

ventUNO   ventOTTO   trentUNO   trentOTTO ecc.   (not ventiuno, ventiotto, etc.)

6 Gioco. In gruppi di cinque, contate fino a 100. Il primo dice *uno*, il secondo *due* e così di seguito. Quando arrivate a un numero che contiene il *tre* o un multiplo di *tre*, invece di dire il numero, dite *Cin Cin*/Game. In groups of five, count from 0 to 100. The first person says **uno**, the second person says **due**, and so on. When you come to a number containing the number 3 or a multiple of 3, say **Cin Cin** (Cheers) instead of the number.

7 Leggi la lettera di Francesca al suo nuovo amico e completa le schede/Read Francesca's letter to her penfriend and complete the forms.

Cara Paola,
mi chiamo Francesca, sono italiana di Venezia, ma abito a Londra da tre anni. Ho ventitré anni e studio Medicina a Imperial College. Sono sposata da tre mesi con Mark. Mark ha venticinque anni, è irlandese di Cork e fa il traduttore. E tu che lavoro fai? Sei sposata? Quanti anni hai? Dove abiti? Qual è il tuo numero di telefono?
A presto,
Francesca
P.S. Il mio indirizzo è: 25 Gray's Inn Road, London WC1X 7JE e il mio numero di telefono è: 0207 278 6357

Nome: Francesca
Nazionalità: _____
Stato civile (marital status): _____
Età (age): _____
Professione: _____
Indirizzo (address): _____
Numero di telefono: _____

Nome: Mark
Nazionalità: _____
Stato civile: _____
Età: _____
Professione: _____
Indirizzo: _____
Numero di telefono: _____

8 Abbina le domande alle risposte/Match the questions to the answers.

Come ti chiami?	Ho ventitré anni.
Di dove sei?	Sono studentessa.
Dove abiti?	Sì.
Che lavoro fai?	Il mio numero di telefono è 0207 278 6357.
Sei sposata?	Abito a Londra.
Quanti anni hai?	Il mio indirizzo è: 25 Gray's Inn Road, London.
Qual è il tuo indirizzo?	Di Roma.
Qual è il tuo numero di telefono?	Francesca.

9 Ascolta una studentessa che dà i suoi dati anagrafici in questura e scrivi le risposte/Listen to a student giving her personal details at the police station and fill in the answers.

Il suo nome? _____

Di dov'è? _____

Quanti anni ha? _____

Che lavoro fa? _____

È sposata? _____

Qual è il suo indirizzo? _____

Qual è il suo numero di telefono? _____

grammatica

Asking for personal details

informally	formally	
Quanti anni hai?	**Quanti anni ha?**	How old are you?
Sei sposato/a?	**È sposato/a?**	Are you married?
Qual è il tuo indirizzo?	**Qual è il Suo indirizzo?**	What is your address?
Qual è il tuo numero di telefono?	**Qual è il Suo numero di telefono?**	What is your phone number?

Sei/È sposato? refers to a man. **Sei/È sposata?** refers to a woman.

To form a question, you don't need to change the word order. A question mark will indicate a question is being asked. In speech, questions are indicated by a rising intonation.

Francesca è sposata. Francesca is married.

Francesca è sposata? Is Francesca married?

10 **Guarda l'albero genealogico e completa le frasi con le parole qui sotto**/Look at the family tree and complete the sentences below with the words in the box.

Nouns

nonno grandfather   **nonna** grandmother   **madre** mother
padre father   **figlio** son   **figlia** daughter
fratello brother   **sorella** sister   **moglie** wife
marito husband   **zio** uncle   **zia** aunt

a Lucia è la _____ di Marco.

b Enzo è il _____ di Lucia.

c Paola è la _____ di Giulia.

d Mario è il _____ di Piero e Anna.

e Piero è il _____ di Anna.

f Marta è la _____ di Marco e Lucia.

g Piero è il _____ di Mario.

h Anna è la _____ di Mario.

i Enzo è lo _____ di Marta.

j Laura è la _____ di Marta.

k Giorgio è il _____ di Anna, Alberto, Ugo, Marta, Giulia e Paola.

l Eugenia è la _____ di Anna, Alberto, Ugo, Marta, Giulia e Paola.

11 a Ascolta Marta che parla della sua famiglia e completa/Listen to Marta talking about her family and fill in the gaps.

Sono Marta, ho ventidue anni e ho una famiglia numerosa. _____ padre si chiama Marco e fa il medico e _____ madre si chiama Lucia e fa l'insegnante. Ho tre sorelle, Giulia, Anna e Paola, e due fratelli, Alberto e Ugo. Anna ha trentadue anni, è sposata con Piero e ha un figlio di tre anni, Mario. Anche _____ fratello Ugo è sposato (e anche divorziato), ma non ha figli. _____ sorella Paola è la più piccola, ha solo sette anni e abita con _____ nonna (_____ nonno abita con un'altra donna). _____ madre ha un fratello, zio Enzo, e una sorella, zia Laura. Zia Laura abita a Londra e fa l'attrice.

b Decidi se le affermazioni sono vere o false e correggi quelle false/Decide whether the statements are true or false and correct the false ones.

	True	False
1 Marco è il marito di Lucia.	_____	_____
2 Marta abita con la nonna.	_____	_____
3 Lo zio Enzo ha due sorelle e un fratello.	_____	_____

grammatica

Possessive adjectives

mio/tuo + masculine noun   **mia/tua** + feminine noun
mio padre my father   **mia madre** my mother
tuo fratello your brother   **tua sorella** your sister

Singular and plural nouns

	singular	plural
masculine	**fratell<u>o</u>**	**fratell<u>i</u>**
feminine	**sorell<u>a</u>**	**sorell<u>e</u>**

12 Ascolta come Tom descrive la coppia qui sotto e completa/ Listen to Tom describing the couple below and fill in the gaps.

Questa è _____ Anna, è di Roma e ha _____ anni. Questo è suo marito, _____ Mautone, è di Milano, ha _____ anni e fa _____

Referring to a third person		Calling somebody (in a formal context)	
<u>il</u> **signor Mautone**	Mr. Mautone	**'Signor Mautone!'**	'Mr. Mautone!'
<u>la</u> **signora Mautone**	Mrs. Mautone	**'Signora Mautone!'**	'Mrs. Mautone!'

Extra!

 13 **Ascolta due dialoghi e prendi appunti seguendo l'esempio**/Listen to two dialogues and take notes as in the example.

1

Maria	Mark
Italian, from Turin	
lives in London	
teacher	

2

Luisa Terracciano	Kurt Geller

 14 **Leggi l'email e rispondi alle domande**/Read the email and answer the questions below.

> **A:** mara.moretti@virgilio.it
> **Oggetto: Novità**
> ___
> Carissima Mara,
>
> come stai? Io sto benissimo … Ieri ad una festa ho incontrato l'uomo della mia vita! Si chiama Ali, è iraniano ma abita a Londra. Ha trentadue anni, è architetto e … è bellissimo! L'unico problema è che è sposato e non ancora divorziato. L'altra novità è che mia sorella Luisa ha un nuovo lavoro: ora fa la psicologa per l'Unità Sanitaria Locale di Siena. È il lavoro ideale per Luisa, non ti pare? E tu come stai? Che cosa fai? Come va il lavoro?
>
> A presto,
> Caterina

a What is the reason for Caterina's happiness?

b What does she say about Ali?

c What is the problem she mentioned?

d What happened to her sister?

 15 **Scrivi un'email al tuo nuovo amico e descrivi la tua famiglia**/Write an email to your penfriend describing your family.

> Caro Francesco,
>
> come stai? Vuoi notizie della mia famiglia? Ecco …

2 Al lavoro e in famiglia

Grammatica

~ Definite articles (the words for 'the')

il   is used before *masculine* singular nouns starting with a *consonant*.

lo is used before *masculine* singular nouns starting either with **s** + *consonant* or **ps**, **z**, **gn**, **y**, **x**.

l' is used before *masculine* or *feminine* singular nouns starting with a *vowel*.

la is used before *feminine* singular nouns starting with a *consonant*.

il segretario **lo zoologo** **l'attore** **l'attrice** **la segretaria**

~ Possessive adjectives (my, your, etc.)

- They are usually accompanied by the definite article following this order:
  article + possessive + noun.
  il mio ragazzo my boyfriend **la mia ragazza** my girlfriend
- They agree in gender and number with the noun they refer to and they usually come before the noun.
  il mio (m) **ragazzo** (m) **la mia** (f) **ragazza** (f)
- They are *not* accompanied by the definite article when they refer to family members in the singular.

<u>mio</u>	**padre**	<u>my</u> father	**Suo**	**fratello**	<u>your</u> brother (formal)
<u>mia</u>	**madre**	<u>my</u> mother	**Sua**	**sorella**	<u>your</u> sister (formal)
<u>tuo</u>	**fratello**	<u>your</u> brother (informal)	**suo**	**fratello**	<u>his/her</u> brother
<u>tua</u>	**sorella**	<u>your</u> sister (informal)	**sua**	**sorella**	<u>his/her</u> sister

~ Nouns

Nouns have a number: singular or plural.

- Masculine singular nouns ending in **o** change into **i** in the plural.
  fratell<u>o</u> **fratell<u>i</u>**
- Feminine singular nouns ending in **a** change into **e** in the plural.
  sorell<u>a</u> **sorell<u>e</u>**
- Singular nouns ending in **e**, whether masculine or feminine, change into **i** in the plural.
  padr<u>e</u> **padr<u>i</u>** or **madr<u>e</u>** **madr<u>i</u>**

~ Verbs

Here is the present tense of the verbs **fare** 'to do/make' (p. 169) and **avere** 'to have' (p. 167).

(io) faccio	I do/make		**(io) ho**	I have
(tu) fai	you do/make		**(tu) hai**	you have
(Lei) fa	you do/make		**(Lei) ha**	you have
(lui/lei) fa	he/she does/makes		**(lui/lei) ha**	he/she has

Notice that **fa** means 'you do' (formal) and also 's/he does'. Similarly **ha** means 'you have' (formal) and also 's/he has'. This applies to all verbs.

Carlo abita a Roma.	Carlo lives in Rome.
Signor Amato, Lei abita a Roma?	Mr Amato, do you live in Rome?
Ann è inglese.	Ann is English.
Signora Bini, Lei è inglese?	Mrs. Bini, are you English?

Esercizi di grammatica

Definite articles

1 Complete with the appropriate definite articles.

_____ insegnante, _____ studente, _____ studentessa, _____ cameriere,
_____ scrittore, _____ attore, _____ attrice, _____ ingegnere, _____ medico,
_____ infermiera, _____ cameriera, _____ psicologa, _____ zoologa,
_____ commesso, _____ ragioniere, _____ casalinga, _____ modella

Verbs

2 Form sentences as in the example.

Marco/italiano/Parigi/28 anni/commesso.
Marco è italiano, abita a Parigi, ha 28 anni e fa il commesso.

a Lisa/brasiliana/Roma/25 anni/studentessa di Medicina.
b Theresa/australiana/Sydney/41 anni/assistente sociale.
c Bernd/tedesco/Heidelberg/33 anni/ingegnere.
d Simone/italiano/Tel Aviv/29 anni/biologo.

Personal questions

3 Write the formal and informal questions for the following answers as in the example.

	Informal	Formal	Answers
	Come ti chiami?	Come si chiama?	Laura.
a			23 anni.
b			885 3193.
c			Di Roma.
d			Via Puccini 5.
e			Sì, sono sposata.
f			Sono medico.

Possessive adjectives

4 Fill the gaps with the appropriate possessive adjectives.

a Signora Benetti, come si chiama _____ madre?
b Ho una sorella e un fratello. _____ fratello abita a Parigi e _____ sorella abita a Varese.
c Carlo, _____ fratello che lavoro fa?
d Professore, di dov'è _____ moglie?

Plurals

5 Transform the singular nouns into plural and vice versa.

architetto, medico, studente, commessa, nonni, zii, zie, padri, traduttrice, nonne

Glossario

1

la professione	the profession
il lavoro	job/work
architetto	architect
traduttore/traduttrice	translator
segretario/a	secretary
studente/studentessa	student
agente di polizia	policeman/woman
psicologo/a	psychologist
attore/attrice	actor/actress
insegnante	teacher
zoologo/a	zoologist

2

fare	to do/make
che lavoro fai?	what do you do? (inf)
che lavoro fa?	what do you do? (for)
faccio l'architetto	I am an architect
sono architetto	I am an architect

7

ma	but
abito a Londra da 3 anni	I've been living in London for 3 years
avere	to have
ho 23 anni	I am 23
ha 25 anni	s/he is 25
sei sposato/a?	are you married?
quanti anni hai?	how old are you?
qual è il tuo numero di telefono?	what's your telephone number?
qual è il tuo indirizzo?	what's your address?
il mio indirizzo è …	my address is …
il mio numero di telefono è …	my telephone number is …
stato civile	marital status
età	age

9

il suo nome?	your name?
quanti anni ha?	how old are you?
che lavoro fa?	what do you do?
è sposato/a?	are you married?
qual è il suo indirizzo?	what's your address?
qual è il suo numero di telefono?	what's your telephone number?

11

una famiglia numerosa	a large family
il medico	the doctor
anche	also
divorziato	divorced
non ha figli	s/he does not have children
la più piccola	the youngest
solo	only
con	with
un'altra donna	another woman

14

carissima…	dearest…
come stai?	how are you?
io sto benissimo	I'm very well
ieri	yesterday
ad una festa	at a party
ho incontrato	I've met
l'uomo della mia vita	the man of my life
bellissimo	very attractive
l'unico problema	the only problem
non ancora	not yet
un nuovo lavoro	a new job
ora	now
per	for
Unità Sanitaria Locale	local health service
ideale	ideal
non ti pare?	don't you think?
come va?	how is it going?
a presto	see you soon

Esercizi di grammatica

cameriere/cameriera	waiter/waitress
scrittore	writer
ingegnere	engineer
infermiere/infermiera	nurse (m/f)
commesso/a	shop assistant
ragioniere	bookkeeper
casalinga	housewife
modello/a	model
assistente sociale	social worker
biologo	biologist

Lavoro di coppia

stilista	fashion designer
calciatore	football player
politico	politician

Lavoro di coppia

1 Presentazioni

Introduce these two famous characters to your partner using the prompts below. Be aware there are some mistakes! Your partner has the task of correcting them.

Name: **Giorgio Armani**
Nationality: **Italian**
Birthplace: **Piacenza**
Town of residence: **Milan**
Profession: **model**

Name: **Cristiano Ronaldo**
Nationality: **Spanish**
Birthplace: **Madrid**
Town of residence: **Manchester**
Profession: **footballer**

Now swap roles and identify the mistakes in your partner's descriptions.
Useful expressions: **sbagliato** (wrong), **non è vero** (it is not true).

2

This is your partner's family tree. Some details are missing. Complete by asking the appropriate questions. Use the **tu** form (informal context).

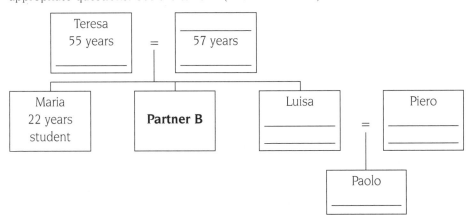

Now swap roles and answer your partner's questions about your family by looking at the family tree below.

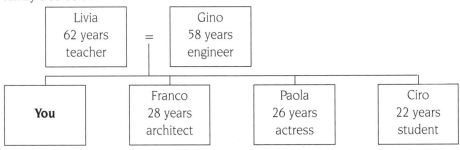

Lavoro di coppia

1 Presentazioni

Listen to your partner introducing two famous characters. Some of their details are wrong. Identify the mistakes and correct them.

Useful expression: **sbagliato** (wrong), **non è vero** (it is not true).

Now swap roles and introduce the two famous characters on the right. Again, there are some errors.

Name: **David Cameron**
Nationality: **British**
Birthplace: **London**
Town of residence: **Brixton, London**
Profession: **poet**

Name: **Kate Moss**
Nationality: **German**
Birthplace: **Düsseldorf**
Town of residence: **New York**
Profession: **zoologist**

2 Imagine this is your family tree. Answer your partner's questions about your family.

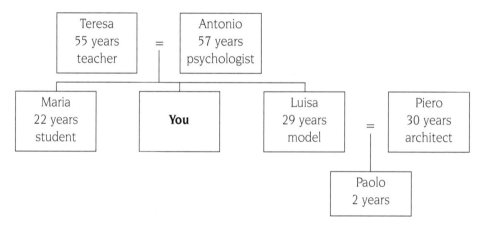

Now swap roles and complete your partner's family tree below by asking the appropriate questions. Use the **tu** form (informal context).

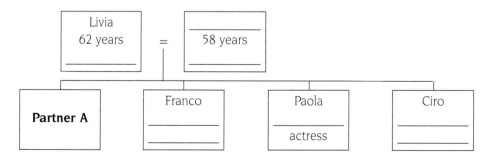

3 Una giornata tipica

By the end of this unit you will be able to ask and answer questions about your daily routine, ask and give the time, and inquire about opening and closing times. You will also learn the days of the week and how to talk about different parts of the day.

 1 Che ora è? Che ore sono? Guarda gli orari, ascolta e ripeti/
What time is it? Look at the clocks, listen and repeat.

Sono le tre.

Sono le tre e cinque.

Sono le tre e dieci.

Sono le tre e un quarto.

Sono le tre e venti.

Sono le tre e venticinque.

Sono le tre e mezza.

Sono le tre e trentacinque.

Sono le quattro meno venti.

Sono le quattro meno un quarto.

Sono le quattro meno dieci.

Sono le quattro meno cinque.

Sono le quattro.

È l'una.

È mezzogiorno.

È mezzanotte.

2 a Trova l'orologio/Match the clocks with the times.

1  2  3

4 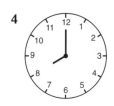 5  6

☐ Sono le otto.   ☐ Sono le due meno venti.   ☐ Sono le cinque e mezza.

☐ È l'una.   ☐ Sono le quattro e   ☐ Sono le sei meno dieci.
                          un quarto.

b Segna l'ora/Fill in the times.

1  2 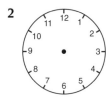 3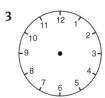

1 Sono le tre e venticinque.
2 È mezzanotte.
3 Sono le undici meno cinque.

3 Che ora è? Che ore sono? Ascolta e scrivi che ore sono/Listen and
write the time in the blanks. The first one is done for you.

a 5.10   b _____   c _____   d _____   e _____   f _____   g _____

grammatica

Asking the time
Che ora è? Che ore sono? What time is it?

Telling the time
È l'una. È mezzogiorno. È mezzanotte. It's one o'clock. It's midday. It's midnight.
Sono le due/le tre/le quattro. It is two/three/four o'clock.
Sono le due e un quarto/meno un quarto/e mezza. It's a quarter past/a quarter to/
half past two.

Note that the 24-hour clock is used for trains, planes and other schedules.

4 Fa' corrispondere l'inglese all'italiano/Match the English words with the Italian equivalent.

the bank — la segreteria

the supermarket — il museo

the discotheque — la biblioteca

the museum — l'ufficio informazioni

the faculty office — la discoteca

the library — l'archivio

the canteen — l'edicola

the archive → la banca

the information desk — il supermercato

the newsagent's — la mensa

5 Ora guarda il plurale dei nomi e degli articoli. Qual è la regola?/ Now look at the plurals of nouns and articles. Can you work out the rules?

Ponte Vecchio, Firenze

le segreterie, le discoteche, le biblioteche, le mense, le banche, le edicole, gli uffici, i musei, gli archivi, i supermercati

grammatica

Plural definite articles

i	**gli**	**le**
masculine before consonant	masculine before vowel	feminine before consonant and vowel
i musei	**gli uffici**	**le segreterie**
i supermercati	**gli archivi**	**le edicole**

Gli is also used before plural masculine nouns starting with **s** + consonant, **ps**, **z**, **gn**, **y**, **x**:
gli studenti   gli psicologi   gli zoologi   gli gnocchi

6 Ascolta i dialoghi e completa/Listen to the dialogues and fill in the blanks.

a A Scusi, a che ora apre _____ ?
B Apre alle _____ .
A E a che ora chiude?
B Alle _____ .

b A Scusa, a che ora aprono _____ ?
B Aprono alle _____ .
A E a che ora chiudono?
B Alle _____ .

grammatica

Asking for opening and closing times

A che ora apre la segreteria?   At what time does the faculty office open?

A che ora chiude il supermercato?   At what time does the supermarket close?

A che ora aprono le banche?   At what time do banks open?
A che ora chiudono le edicole?   At what time do newsagents close?

Answering

(La segreteria) apre alle 9.   (The faculty office) / it opens at 9.
(Il supermercato) chiude alle 7.   (The supermarket) / it closes at 7.

(Le banche) aprono alle 8.   (The banks) / they open at 8.
(Le edicole) chiudono alle 3.   (The newsagents) / they close at 3.

Use **Scusi** 'Excuse me' in a formal context.
Use **Scusa** 'Excuse me' in an informal context.

7 Chiedi al tuo/alla tua partner gli orari di apertura e chiusura dei seguenti posti nel suo paese d'origine/Ask your partner for the opening and closing times of the following places in his/her country of origin. Note that some are singular and some are plural.

le banche   la biblioteca   i bar   i supermercati   le discoteche   i musei   la mensa

Parts of the day			
la mattina	in the morning	**la sera**	in the evening
il pomeriggio	in the afternoon	**la notte**	at night

Meals			
la colazione	breakfast	**fare colazione**	to have breakfast
il pranzo	lunch	**pranzare**	to have lunch
la cena	dinner/supper	**cenare**	to have dinner/supper

Linking words	
poi	then
dopo	after
e	and

8 Ascolta Lara che racconta la sua giornata tipica e completa/
Listen to Lara describing her typical day and fill in the blanks.

La mattina: Mi alzo _alle_ _otto_ ; faccio colazione _____ _____ faccio la doccia. _____ _____ esco di casa _____ vado all'università.

Il pomeriggio: Pranzo _____ _____ ___ _____ , _____ studio in biblioteca fino _____ _____ , _____ ____ _____ . _____ torno a casa _____ mi riposo: ascolto la radio, leggo o guardo la TV.

La sera: Ceno _____ _____ , _____ esco con gli amici.

La notte: Torno a casa _____ mezzanotte _____ vado a dormire.

Al mercato

9 Fa' corrispondere la prima persona dei verbi alla forma dell'infinito/Match the first person of the verbs ('I' form) with the infinitive form.

First person	Infinitive	
vado	uscire	to go out
faccio la doccia	andare	to go
torno	fare colazione	to have breakfast
ceno	riposarsi	to rest
pranzo	cenare	to have dinner
mi alzo	studiare	to study
esco	fare la doccia	to take a shower
mi riposo	pranzare	to have lunch
studio	tornare	to return
faccio colazione	alzarsi	to get up

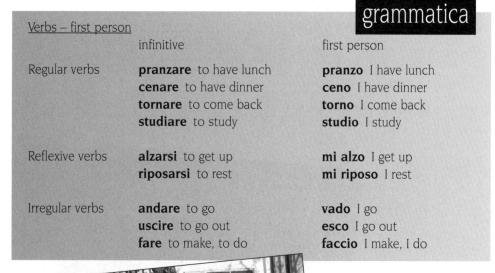

grammatica

Verbs – first person

	infinitive	first person
Regular verbs	**pranzare** to have lunch	**pranzo** I have lunch
	cenare to have dinner	**ceno** I have dinner
	tornare to come back	**torno** I come back
	studiare to study	**studio** I study
Reflexive verbs	**alzarsi** to get up	**mi alzo** I get up
	riposarsi to rest	**mi riposo** I rest
Irregular verbs	**andare** to go	**vado** I go
	uscire to go out	**esco** I go out
	fare to make, to do	**faccio** I make, I do

Vado all'università in macchina.

10 **Scrivi a che ora fai queste cose**/Write at what time you do these things.

a A che ora ti svegli?   Mi sveglio _____

b A che ora ti alzi?   Mi alzo _____

c A che ora ti lavi?   Mi _____

d A che ora fai colazione?   Faccio _____

e A che ora vai all'università? _____

f A che ora pranzi?   _____

g A che ora studi?   _____

h A che ora ceni ?   _____

i A che ora guardi la TV?   _____

j A che ora vai a dormire?   _____

11 **Descrivi la tua giornata tipica al tuo/alla tua partner**/Describe your typical day to your partner.

12 **Ascolta Giulia che descrive la giornata di sua figlia Giorgia e completa**/Listen to Giulia describing her daughter Giorgia's day and fill in the blanks.

"Giorgia si alza tardi, _____ le dieci e non fa colazione. Esce di _____ verso le undici e va al lavoro. _____ due pranza al ristorante. Dalle quattro alle sei e mezza lavora, _____ torna a casa, si riposa, _____ fa la doccia. Verso le nove esce con il ragazzo. Torna a casa dopo mezzanotte."

grammatica

Verbs – third person		
	infinitive	third person – s/he
Regular verbs	**pranzare** to have lunch	**pranza** s/he has lunch
	cenare to have dinner	**cena** s/he has dinner
	tornare to come back	**torna** s/he comes back
	studiare to study	**studia** s/he studies
Reflexive verbs	**alzarsi** to get up	**si alza** s/he gets up
	riposarsi to rest	**si riposa** s/he rests
Irregular verbs	**andare** to go	**va** s/he goes
	uscire to go out	**esce** s/he goes out
	fare to make, to do	**fa** s/he makes/does

To make a negative sentence, simply add **non** in front of the verb.
Giorgia non fa colazione. Giorgia doesn't have breakfast.

13 **Ecco i giorni della settimana**/Here are the days of the week.

lunedì	Monday	**martedì**	Tuesday	**mercoledì**	Wednesday
giovedì	Thursday	**venerdì**	Friday	**sabato**	Saturday
domenica	Sunday				

Note that the days of the week are masculine with the exception of **la domenica**, which is feminine.

14 **Scrivi che cosa fai in questi momenti**/Write what you do at these times.

il lunedì mattina, il martedì sera, il mercoledì pomeriggio, il giovedì notte, il venerdì sera, il sabato notte, la domenica pomeriggio

Il lunedì mattina vado all'università...

15 **Ora riferisci al tuo/alla tua partner ciò che fai e scopri che cosa fa lui/lei. Prendi appunti**/Now tell your partner what you do and find out what he/she does. Take notes.

Il martedì sera vado a ballare. E tu, cosa fai?

16 **Lavora con un altro/un'altra partner. Riferisci le attività del/della partner precedente in dettaglio**/Swap partner; report to him/her your previous partner's activities in detail.

Jean va in piscina il giovedì sera alle 7.

Every Monday, this Monday	
Il lunedì sera esco con gli amici.	On Monday evening (every Monday) I go out with my friends.
Lunedì sera vado al cinema.	Monday evening (this Monday) I go to the cinema.

A cena con gli amici

Extra!

17 **Ascolta tre dialoghi e scrivi gli orari di apertura e chiusura dei tre posti menzionati**/Listen to three dialogues and write the opening and closing time of some of the following places.

	Open	Close
Bar		
Negozi		
Discoteca		
Banca		
Ufficio informazioni		
Segreteria		
Mensa		
Biblioteca		

18 **Ascolta il dialogo e prendi nota in inglese delle attività e degli orari di Francesca**/Listen to the dialogue and take notes in English on Francesca's day under the following headings.

Morning	Afternoon	Evening	Night
She gets up at 8 ...			

19 **Scrivi una lettera al tuo nuovo amico di penna, Davide, descrivendogli la tua giornata tipica e chiedendogli informazioni sulla sua routine quotidiana**/Write a letter to your pen pal, Davide, in which you describe your daily routine and ask questions about his day.

Grammatica

~ Plural definite articles (the words for 'the')

i   is used before *masculine* plural nouns starting with a *consonant*.

gli   is used before *masculine* plural nouns starting with a *vowel* or with **s** + *consonant* or **ps, z, gn, y, x**.

le   is used before *feminine* plural nouns starting with a *consonant* or a *vowel*.

**i musei   gli studenti   gli uffici   gli psicologi   gli zoologi   gli gnocchi
gli yogurt   gli xilofoni   le banche   le edicole**

~ Regular verbs

Italian has three main verb patterns: **-are, -ere, -ire** e.g. **tornare, prendere, dormire**.
The present tense of regular verbs is formed by dropping the infinitive ending **-are, -ere, -ire**
and adding endings to the verb stem as follows (see also Verb tables pp.167–8):

	torn**are**	prend**ere**	dorm**ire**
(io I)	torn**o**	prend**o**	dorm**o**
(tu *you*)	torn**i**	prend**i**	dorm**i**
(lui/lei/esso/essa *he/she/it*)	torn**a**	prend**e**	dorm**e**
(noi *we*)	torn**iamo**	prend**iamo**	dorm**iamo**
(voi *you plural*)	torn**ate**	prend**ete**	dorm**ite**
(loro *they*)	torn**ano**	prend**ono**	dorm**ono**

~ Reflexive verbs

These are conjugated like any other regular verb. However, you must remember to add the
reflexive pronoun (**mi, ti,** etc.) in front of each verb form.

	alz**arsi**	mett**ersi**	vest**irsi**
(io)	**mi** alz**o**	**mi** mett**o**	**mi** vest**o**
(tu)	**ti** alz**i**	**ti** mett**i**	**ti** vest**i**
(lui/lei)	**si** alz**a**	**si** mett**e**	**si** vest**e**
(noi)	**ci** alz**iamo**	**ci** mett**iamo**	**ci** vest**iamo**
(voi)	**vi** alz**ate**	**vi** mett**ete**	**vi** vest**ite**
(loro)	**si** alz**ano**	**si** mett**ono**	**si** vest**ono**

~ Some irregular verbs

	<u>andare</u>	<u>fare</u>	<u>uscire</u>
(io)	**vado**	**faccio**	**esco**
(tu)	**vai**	**fai**	**esci**
(lui/lei)	**va**	**fa**	**esce**
(noi)	**andiamo**	**facciamo**	**usciamo**
(voi)	**andate**	**fate**	**uscite**
(loro)	**vanno**	**fanno**	**escono**

Esercizi di grammatica

Definite articles

1 Put the appropriate definite article in front of the following nouns.

_____ fratelli, _____ sorelle, _____ amici, _____ zii, _____ figli, _____ genitori, _____ nonni, _____ nonne, _____ amiche _____ studentesse, _____ studenti, _____ medici, _____ edicole, _____ insegnanti, _____ psicologi, _____ uffici, _____ zie, _____ architetti

The time

2 Fill in the gaps with the appropriate form of the verb **essere**.

a _____ mezzogiorno.
b Che ore _____? _____ l'una e mezza, ora di pranzo.
c _____ le due meno dieci.
d Che ora _____? _____ le dodici.
e Ciao! Ora devo andare perché _____ tardi, _____ già le undici.
f Ho sonno … Che ore _____? _____ mezzanotte in punto.

Verbs

3 Complete the sentences with the appropriate form of the regular verbs in brackets.

a Il sabato sera (io/cenare) _____ al ristorante.
b La mattina (noi/studiare) _____ in biblioteca.
c A che ora (tu/tornare) _____ a casa?
d Signor Rossi, che cosa (fare) _____ la domenica?
e Marco (dormire) _____ fino a mezzogiorno.

4 Complete the text with the appropriate form of the verbs.

(Io/chiamarsi) _____ Marta e abito con il mio ragazzo che (chiamarsi) _____ Matteo. Il fine settimana Matteo (alzarsi) _____ presto, (lavarsi) _____. Poi prepara la colazione anche per me. Io (riposarsi) _____ fino a mezzogiorno, poi vado a lavorare, lavoro tutto il giorno ma la sera (divertirsi) _____. (Io/uscire) _____ con gli amici. Matteo invece (lavorare) _____ in un bar fino a tardi.

5 Fill in the blanks with **fare, andare,** or **uscire**. Use the appropriate form.

a Il venerdì sera _____ con il mio ragazzo.
b Lunedì Maria _____ in vacanza.
c Il sabato mia sorella _____ colazione a letto.
d A che ora (tu) _____ la doccia la mattina?
e (Tu) _____ con i tuoi amici la domenica?
f La mattina (io) _____ in biblioteca.

Glossario

8

uscire di casa	to leave home
andare all'università	to go to college
studiare in biblioteca	to study in the library
tornare a casa	to return home
guardare la TV	to watch TV
uscire con gli amici	to go out with friends
andare a dormire	to go to bed

10

a che ora …?	at what time …?

12

tardi	late
verso	approximately
non fa colazione	s/he does not have breakfast
andare al lavoro	to go to work
pranzare al ristorante	to eat in a restaurant
dalle quattro alle sei e mezza	from 4 to 6.30
dopo mezzanotte	after midnight

Esercizi di grammatica

dormire	to sleep
ora di pranzo	lunchtime
ho sonno	I am sleepy
fino a	until/as far as
che	which/that
il fine settimana/weekend	the weekend
presto	early
tardi	late
lavarsi	to wash oneself
prepara la colazione	he prepares breakfast
anche per me	for me too
tutto il giorno	the whole day/all day long
divertirsi	to enjoy oneself/to have fun
invece	on the contrary
fino a tardi	till late
in vacanza	on holiday
a letto	in bed

Ancora un po' di pratica

città di provenienza	place of origin
impiegata statale	civil servant
commerciante	shopkeeper
la più giovane	the youngest
nipotino/a	nephew/niece
fuori corso	a student who is repeating one or more academic years
morto	dead
commesso/a	shop assistant
negozio di scarpe	shoe shop
assistente sociale	social worker
grazie della tua lettera	thanks for your letter
vuoi sapere come …?	do you want to know how … (inf)?
ti descrivo …	I'd like to describe
prende sempre un cornetto	he always has a croissant
dopo pranzo	after lunch
negozi	shops
chiusi	closed/shut down
viene a prendermi	he comes to pick me up
usciamo insieme	we go out together
andiamo in palestra	we go to the gym
qualche volta	sometimes/occasionally
andiamo a teatro	we go to the theatre
ci sono	there are
odia ballare	s/he hates dancing
che peccato!	what a pity!/shame!
perciò	so/therefore
sono stanca	I'm tired
grazie a	thanks to
però	but
il mio italiano migliora sempre di più	my Italian is improving all the time/more and more
è il modo migliore d'imparare	it's the best way to learn
ti saluto	all the best
a presto	see you soon/speak to you later

Lavoro di coppia

1 Ask your partner what the time is in the following places and write it in the clocks.
Che ore sono a Londra? or *Che ora è a Londra?*

Londra [:   ]   Sydney [:   ]

New York [:   ]   Istanbul [:   ]

Roma [:   ]

Now swap roles and tell your partner what the time is in the following places.
A Parigi sono le dodici e trenta.

Parigi `12:30`   Tokyo `20:15`

Pechino `19:20`   Atene `13:45`

Los Angeles `06:35`

2 Fill in the clocks in the **You** column with your daily routine. Then find out about your partner's routine, asking the appropriate questions, and fill in the **Your partner** column.

	You	Your partner
alzarsi	[:]	[:]
fare la doccia	[:]	[:]
fare colazione	[:]	[:]
uscire di casa	[:]	[:]
pranzare	[:]	[:]
studiare	[:]	[:]
cenare	[:]	[:]
andare a dormire	[:]	[:]

3 Una giornata tipica

Lavoro di coppia

1 Tell your partner what the time is in the following places.

A *Londra sono le dieci e venti.*

Londra	`10:20`	Sydney	`20:50`
New York	`05:10`	Istanbul	`12:55`
Roma	`11:25`		

Now swap roles, ask your partner what the time is in the following places and write it in the clocks.

Che ore sono a Parigi? or *Che ora è a Parigi?*

Parigi	:	Tokyo	:
Pechino	:	Atene	:
Los Angeles	:		

2 Fill in the clocks in the **You** column with your daily routine. Then find out about your partner's routine, asking the appropriate questions, and fill in the **Your partner** column.

	You	Your partner
alzarsi	:	:
fare la doccia	:	:
fare colazione	:	:
uscire di casa	:	:
pranzare	:	:
studiare	:	:
cenare	:	:
andare a dormire	:	:

Il tempo libero

By the end of this unit you will be able to talk about likes and dislikes, to express agreement or disagreement and to discuss preferences. You will also be able to say how you spend your free time and how often you do certain activities.

1 **Guarda le figure, ascolta i dialoghi e completali**/Look at the pictures, listen to the dialogues and complete the sentences.

a A Luisa, che cosa ti piace fare la domenica?
   B Mi piace _____ e _____ .

b A Carlo, ti piace cucinare?
   B Sì, mi piace _____ e _____ .

c A Giovanni, che cosa ti piace fare la sera?
   B Mi piace _____ e poi _____ .

andare a ballare   uscire con gli amici   andare a teatro

andare al cinema   cucinare   fare una passeggiata

andare in palestra   leggere   guardare la TV

Asking somebody what s/he likes doing		
informally	formally	
Ti piace leggere?	**Le piace leggere?**	Do you like reading?

2 **Aiutandoti con le illustrazioni dell'esercizio 1, chiedi a cinque compagni quali sono i loro interessi**/Look at the pictures in section 1 and find out what five of your classmates like doing.

A *Ti piace cucinare?*
B *Sì / No.*

3 **Ascolta e abbina le affermazioni di Anna alle reazioni di Beatrice**/Listen and match the statements with the responses as in the example.

Anna	Beatrice
a Mi piace tanto ballare.	A me sì.
b Non mi piace per niente leggere.	Neanche a me.
c Non mi piace andare a teatro.	Anche a me.
d Mi piace molto andare in palestra.	A me no.
e Mi piace cucinare.	Anche a me.

4 **Ora dividi le battute di Beatrice in due categorie: accordo e disaccordo**/Now look at Beatrice's replies, decide whether they express agreement or disagreement, and write them under the appropriate column below.

Accordo / Agreement

Anche a me. _____

_____

Disaccordo / Disagreement

_____

_____

5 **Con un/una partner trova una battuta appropriata per ciascuna delle seguenti espressioni**/With your partner find a suitable statement which could elicit the following replies.

You	Your partner
a _____	Anche a me.
b _____	Neanche a me.
c _____	A me sì.
d _____	A me no.

Agreeing and disagreeing

	statement	agreement	disagreement
positive	**Mi piace ballare.**	**Anche a me.**	**A me no.**
negative	**Non mi piace ballare.**	**Neanche a me.**	**A me sì.**

6 Ascolta e completa le frasi con *piace* o *piacciono*/Listen and complete the sentences with either piace or piacciono.

Mi _____ i gelati. Mi _____ il vino. Non mi _____ la pasta.
Mi _____ i ragazzi italiani. Non mi _____ i film americani.

7 *Piace* o *piacciono*? Guarda le figure e deduci quando usare *piace* e *piacciono*/Look at the pictures below. When do we use piace and piacciono?

Mi piace la pizza.

Mi piacciono le banane.

Non mi piace la Coca Cola.

Non mi piacciono le fragole.

grammatica

Mi/ti piace + singular nouns

Mi piace la pizza. I like pizza.
Ti piace il caffè? Do you like coffee?

Mi/ti piacciono + plural nouns

Mi piacciono le banane. I like bananas.
Ti piacciono le mele? Do you like apples?

8 Metti in ordine di preferenza le espressioni qui sotto, aiutandoti con il glossario/With the help of the glossary, number the following expressions in order of preference from one to five.

a Mi piace un sacco/moltissimo leggere. ☐ 1

d Mi piace abbastanza leggere. ☐

b Non mi piace molto leggere. ☐

e Mi piace molto/tanto leggere. ☐

c Non mi piace per niente leggere. ☐

9 Chiedi al tuo/alla tua partner se gli/le piacciono le seguenti cose e di' se sei d'accordo o no/Ask your partner whether he/she likes the following things and tell him/her whether you agree or not.

il vino   il formaggio   i gelati   le macchine veloci   i pomodori secchi   la mozzarella
i quadri di Picasso   la musica classica

A Ti piace il vino?
B Sì, molto.
A Anche a me.

10 **Guarda le battute del dialogo qui sotto e, con l'aiuto di un/una partner, mettile in ordine numerando le caselle**/Look at the dialogue below. With the help of a partner rearrange it in the right order.

☐   Che facciamo stasera?

☐   Ma costa troppo.

☐   Veramente? A me sì, tantissimo. Allora che facciamo?

☐   Andiamo in discoteca?

☐   A me no, io preferisco andare a teatro.

☐   A me piace molto andare al cinema.

☐   No, non mi piace ballare!

☐   Ah … è vero. Allora rimaniamo a casa.

☐   E guardiamo la TV come al solito!

11 **Ora ascolta il dialogo e verifica**/Now listen to the dialogue and see if you were right.

12 **Ascolta e metti un cerchio attorno a ciò che preferisce Lucia**/ Listen and circle the things that Lucia prefers.

a tè – caffè
b birra – vino
c cinema – teatro
d pizza – pasta
e Londra – Roma
f Coca Cola – aranciata

13 **Chiedi al tuo/alla tua partner che cosa preferisce tra le cose dell'esercizio 12. Ricorda di aggiungere l'articolo determinativo, se necessario**/Ask your partner what he/she prefers amongst the choices listed above. Remember to add the right article when needed.

Preferisci il tè o il caffè?

Asking somebody about his/her preferences		
informally	formally	
Preferisci il tè o il caffè?	**Preferisce il tè o il caffè?**	Do you prefer tea or coffee?

Answering about your preferences	
Preferisco il caffè.	I prefer coffee.

14 **Metti gli avverbi in ordine di frequenza, poi ascolta e controlla**/
Place the following expressions of frequency in the correct order
along the line. Then check with the recording.

sempre   mai

quasi mai   ogni tanto   molto spesso

raramente   spesso   qualche volta

15 **Ascolta e completa**/Listen and fill in the gaps.

Sono Carla, una studentessa di Legge all'università di Cosenza, ma non mi piace
studiare, infatti _____ studio _____ . _____ vado alle
lezioni, _____ studio in biblioteca, _____ da
sola e _____ con i miei amici. Di solito pranzo a casa, però
_____ vado in mensa. La sera _____ esco con
gli amici, _____ andiamo a ballare. _____ vado
_____ a letto prima delle due perché torno _____ a casa tardi.

16 **Con quale frequenza fai queste cose? Scrivi una frase per
ciascuna figura**/How often do you do these things? Write a sentence
for each picture.

Il lunedì sera vado sempre al cinema.

Expressing frequency	grammatica
sempre	Vado **sempre** al cinema.
spesso/molto spesso/raramente	Vado **spesso/molto spesso/raramente** al ristorante.
ogni tanto/di solito/qualche volta	**Ogni tanto/Di solito/Qualche volta** guardo la TV.
non...mai/quasi mai	**Non** vado **mai/quasi mai** in discoteca.

17 **Scrivi con quale frequenza fai queste cose**/Write how often you do these things.

Vai mai al cinema? _____ _____

Vai mai a teatro? _____ _____

Vai spesso al pub? _____ _____

18 **Ascolta le interviste e scrivi le domande**/Listen to the interviews and write the questions.

a _____ ? No, mai.

b _____ ? Sì, qualche volta.

c _____ ? Sì, molto spesso.

d _____ ? No, quasi mai.

19 **Fa' un sondaggio e segna (✓) con quale frequenza cinque dei tuoi compagni fanno queste cose**/Do a survey to find out how often five of your classmates do the things below.

	sempre	spesso	qualche volta	quasi mai	mai
andare al cinema					
andare in discoteca					
leggere il giornale					
andare in palestra					

Asking how often people do things

informally	formally
Vai mai a teatro?	**Va mai a teatro?**
	How often do you go to the theatre?
Vai spesso a teatro?	**Va spesso a teatro?**

Extra!

20 **Ascolta il dialogo e prendi appunti in inglese**/Listen to the dialogue and write notes in English.

		Likes	Dislikes	Why?
Cinema	Mario			
	Elena			
Theatre	Mario			
	Elena			
Restaurant	Mario			
	Elena			
Gym	Mario			
	Elena			

21 **Leggi la lettera d'amore anonima e decidi se le affermazioni sono vere o false. Correggi quelle false**/Read the love letter from an anonymous admirer and decide whether the statements below are true or false. Correct the false ones.

Carissima Susanna,
scusami se ti scrivo ancora, so che tu non ricambi il mio amore, ma ti scrivo perché desidero comunicarti che ti sogno sempre, ti penso continuamente e ... ti amo perdutamente! Penso di avere veramente perso la testa (è la prima volta che mi succede una cosa simile!) e non so cosa fare. Tu sei la donna dei miei sogni, amo tutto di te ... Mi piacciono da morire i tuoi occhi grandi e i tuoi capelli lunghi, adoro il tuo sorriso dolce e la tua voce sexy. Ma tu, bellissima Susanna, non sei solo attraente fisicamente! Ammiro profondamente la tua intelligenza, la tua simpatia, la tua allegria, insomma tutto ma proprio tutto di te!!! L'unica cosa che non mi piace di te è la tua indifferenza. Ricordati però che l'amore è una ... malattia contagiosa!
         Ti abbraccio,
                    S.

	True	False
a Susanna is not in love with S.	_____	_____
b S. suffers from insomnia.	_____	_____
c It's the first time that S. is in love.	_____	_____
d S. is sexy.	_____	_____
e S. has a contagious illness.	_____	_____

Grammatica

～ The verb *piacere*

- The verb **piacere** translates as 'to like'.
  Mi piace ballare.   I like dancing.
- Note the two different constructions:

1 **mi/ti/Le piace** + infinitive
  where **piacere** is used only in the third person singular.
  Mi piace dormire.   I like sleeping.

2 **mi/ti/Le piace** + singular noun
  mi/ti/Le piacciono + plural noun
  where **piacere** is used in the third person singular (**piace**) or third person plural
  (**piacciono**) according to whether the noun that follows is singular or plural.
  Mi piace l'italiano.   I like Italian.
  Mi piacciono gli italiani.   I like Italians.

- In questions **Ti piace/piacciono** (informal) or **Le piace/piacciono** (formal) are used.
- In the negative **non** comes before **mi/ti/Le: Non mi piace la grammatica.**

～ Agreement and disagreement with the verb *piacere*

Anche a me and **neanche a me** express agreement with positive and negative statements
respectively. Similarly **a me no** and **a me sì** express disagreement, the former with a positive
statement and the latter with a negative statement.

	Agreement	Disagreement
Mi piace il caffè corretto.	**Anche a me.**	**A me no.**
Non mi piace il caffè corretto.	**Neanche a me.**	**A me sì.**

～ Verbs like *preferire* (see p. 162 and p. 168)

Some verbs ending in **–ire** like **preferire, capire, finire, pulire,** have the following pattern.

(io)	**prefer**	<u>isco</u>
(tu)		<u>isci</u>
(lui/lei/Lei)		<u>isce</u>
(noi)		**iamo**
(voi)		**ite**
(loro)		<u>iscono</u>

～ Adverbs of frequency

- **Raramente, spesso** and **molto spesso** can be placed either before or after the verb.
  Mangio spesso la pasta/Spesso mangio la pasta.
- **Qualche volta, ogni tanto** and **di solito** are usually placed before the verb.
  Ogni tanto esco con gli amici.
- **Sempre** must be placed after the verb.
  Vado sempre al ristorante.
- **Mai** and **quasi mai** require **non** before the verb.
  Non vado mai a teatro.

Esercizi di grammatica

Piace or piacciono?

1 Fill in the gaps with the appropriate form of the verb.

   a Ti _____ Londra? – Sì, mi _____ soprattutto i parchi di Londra.

   b Mi _____ la cucina messicana.

   c Le _____ i film gialli?

   d Mi _____ imparare le lingue straniere.

   e Ti _____ le lingue neolatine?

Formal/informal

2 Change the following sentences from informal to formal or vice versa.

   a Ti piace il tango argentino?

   b Lei preferisce un caffè o un tè?

   c Le piacciono le commedie di Goldoni?

   d Mi piace un sacco andare al mare. E tu cosa preferisci, il mare o la montagna?

Agreement/disagreement

3 Agree or disagree with the following statements.

   a Mi piace andare a cena fuori.

   b Non mi piace lavare i piatti.

   c Non mi piacciono le persone bugiarde.

   d Mi piacciono gli animali.

   e Mi piacciono i colori vivaci.

Asking questions

4 Write a suitable informal (I) and formal (F) question for each answer.

   a I _____ No, mai.

      F _____

   b I _____ Sì, ogni tanto mi piace.

      F _____

   c I _____ Sì, molto.

      F _____

   d I _____ No, non molto, preferisco

      F _____ andare a teatro.

Adverbs of frequency

5 Reorder the following jumbled up sentences.

      Sempre/piscina/in/vado.

      Vado sempre in piscina.

   a Mai/carne/la/mangio/non/perché/vegeteriano/sono.

   b Piace/mi/una/fare/parco/nel/passeggiata/qualche volta.

   c Ristorante/vado/cena/ogni tanto/al/a/amici/spesso/invito/e.

   d Televisione/la/leggere/non/preferisco/perché/mai/quasi/guardo.

Glossario

1

ballare	to dance
amici	friends
teatro	theatre
cucinare	to cook
fare una passeggiata	to go for a walk
andare in palestra	to go to the gym

3

tanto	a lot
per niente	not at all
anche a me	so do I
neanche a me	neither do I
a me sì	I do
a me no	I don't

6/7

gelati	icecreams
fragole	strawberries

8

mi piace un sacco/ moltissimo	I like a lot
mi piace abbastanza	I quite like

9

formaggio	cheese
macchine veloci	fast cars
pomodori secchi	sun-dried tomatoes
quadri	paintings

10

stasera	tonight
costa troppo	it costs too much
veramente?	really?
rimaniamo a casa	let's stay at home
come al solito	as usual

14

mai	never
quasi mai	almost never
raramente	rarely
ogni tanto	every now and then
qualche volta	sometimes
di solito	usually
spesso	often
molto spesso	very often
sempre	always

19

giornale	newspaper

21

carissima	dearest
ancora	again
so che tu non ricambi il mio amore	I know that you don't reciprocate my love
desidero comunicarti	I want to tell you
ti sogno	I dream of you
penso di aver perso la testa	I think I am madly in love
la donna dei miei sogni	the woman of my dreams
mi piace/piacciono da morire	I like … very much

Grammatica

il caffè corretto	laced coffee

Esercizi di grammatica

i film gialli	thrillers
imparare	to learn
lingue straniere	foreign languages
commedie	plays
mare	sea
montagna	mountains
andare a cena fuori	to go out to dinner
lavare i piatti	to do the washing up
le persone bugiarde	liars
animali	pets
i colori vivaci	bright colours
carne	meat
vegetariano	vegetarian

Lavoro di coppia

andare in bicicletta	to go cycling
viaggiare	to travel
dipingere	to paint
gatti	cats
cucina indiana	Indian cooking
calcio	football
dolci	dessert
fare fotografie	to take photographs
andare all'estero	to go abroad
prendere il sole	to sunbathe
andare al mercato	to go to the market
fumare sigari	to smoke cigars
cantare sotto la doccia	to sing in the shower
andare in vespa	to go by scooter
fare una festa	to have a party
andare dal dentista	to go to the dentist
stirare	to iron

See Appendix p. 190 for **Ancora un po' di pratica**.

Lavoro di coppia

1 Ask partner B whether he/she likes these things and respond to his/her statements according to the symbols in the grid. Record his/her answers using the appropriate symbols.

+++ moltissimo   ++ molto   + abbastanza   – non molto   – – per niente

A *Ti piace andare in bicicletta?*
B *Sì, molto. E a te?*
A *Anche a me.*

	You	**Your partner**
andare in bicicletta	++	
viaggiare	+++	
dipingere	–	
i gatti	+	
la cucina indiana	– –	

Now swap roles and answer partner B's questions according to the symbols in the grid. Don't forget to record his/her reponses.

A *Ti piace il calcio?*
B *No, per niente. E a te?*
A *Neanche a me.*

	You	**Your partner**
il calcio	– –	
il tennis	–	
i dolci	+++	
fare fotografie	++	
ascoltare la radio	+++	

2 Find out how often partner B does these things, then answer his/her questions.

andare all'estero

giocare a carte

prendere il sole

fumare sigari

andare al mercato

cantare sotto la doccia

Lavoro di coppia

1 Answer partner A's questions according to the symbols in the grid. Listen to your partner's responses and record them using the appropriate symbols.

+++ moltissimo ++ molto + abbastanza − non molto −− per niente

A *Ti piace andare in bicicletta?*
B *Sì, molto. E a te?*
A *Anche a me.*

	You	Your partner
andare in bicicletta	++	
viaggiare	+	
dipingere	−	
i gatti	−−	
la cucina indiana	+++	

Now swap roles and ask partner A some questions. Respond to his/her statements according to the symbols in the grid. Don't forget to record his/her answers.

A *Ti piace il calcio?*
B *No, per niente. E a te?*
A *Neanche a me.*

	You	Your partner
il calcio	−−	
il tennis	+	
i dolci	+++	
fare fotografie	−	
ascoltare la radio	++	

2 Find out how often partner A does these things, then answer his/her questions.

andare in vespa

andare al pub

andare al mare

stirare

fare una festa

andare dal dentista

5 Al bar

Da vero.

By the end of this unit you will be able to order food and drinks in bars and restaurants, and book into a hotel room.

1 Scrivi le parole sotto le figure corrispondenti/Write the words under the pictures.

succo di frutta gelato cornetto aperitivo birra tramezzino spumante caffè tè spremuta d'arancia aranciata Coca Cola panino al prosciutto acqua minerale cappuccino cioccolata

roll

il 1 *panino al pros.* il 2 *tramezzino* Sandwich il 3 *caffè*

il 4 *tè* l' 5 *aranciata* il 6 *gelato*

la 7 *birra* l' 8 *acqua minerale* la 9 *cioccolata*

il 10 *cornetto* il 11 *succo di frutta* la 12 *Coca cola.*

lo 13 *spumante* il 14 *cappucino* l' 15 *aperitivo* lo 16 *spremuta d'arancio*

2 Ora metti l'articolo determinativo davanti alle parole qui sopra/ Now put the word for 'the' in front of the words above.

il la l' gli

grammatica

Indefinite articles: 'a/an'

un	**uno**	**una**	**un'**
masculine	masculine	feminine	feminine
before consonant and vowel	before **s** + consonant, before **ps**, **z**, **gn**, **y**, **x**	before consonant	before vowel
un cappuccino	**uno spumante**	**una pasta**	**un'aranciata**
un aperitivo	**uno zabaglione**		

3 **Ora metti le parole dell'esercizio 1 nella colonna del corretto articolo indeterminativo**/Now list the words of section 1 under the correct column.

un	uno	una	un'
cappuccino *panino tramezzino cafe te gelato cornetto*	spumante *spremuta*	birra *cioccolata coca cola spremuta*	aranciata *acqua minerale aperativo*

succo di frutta cappuccino

4 **Ecco i numeri da 100 in poi**/Here are the numbers from 100 onwards.

100	cento	200	duecento	1000	mille
101	centouno	300	trecento	2000	duemila
102	centodue	400	quattrocento	1.000.000	un milione
111	centoundici	500	cinquecento	1.000.000.000	un miliardo
126	centoventisei	600	seicento		

41

5 **Ascolta e scrivi quanto pagano questi clienti**/Listen and write, in numbers, how much these customers are asked to pay.

Cliente   Cameriere

a Quant'è?   € _5,35_
b Cameriere! Il conto, per favore.   € _4,50_
c Un caffè e un cornetto.   € _3,25_
d Una birra, tre cornetti e un gelato. Quanto pago?   € _12:20_

42

6 **Ascolta le battute del cameriere e abbinale alle rispettive ordinazioni**/Listen to what the waiter says and find the matching orders.

Cameriere   Cliente
a Desidera?   **1** Vorrei un tè al limone.
b Dica?   **2** Mi dà due cappuccini?
c Prego?   **3** Un aperitivo, grazie.
d Che cosa prende?   **4** Un caffè macchiato e un cornetto, per favore.

7 **Sei al bar 'Arcobaleno', ordina al tuo/alla tua partner quello che vuoi bere o mangiare. Poi scambiatevi i ruoli**/Order something to eat or drink. Your partner will be the waiter/waitress. Then swap roles.

Bar Arcobaleno
Listino prezzi

Caffè Espresso	€ 1,10
Caffè Decaffeinato	€ 1,20
Cappuccino	€ 1,30
The* limone/latte	€ 1,20
Cioccolata	€ 1,50
Birra grande	€ 2,15
Birra piccola	€ 2,00
Succo di frutta	€ 1,30
Spremuta	€ 1,50
Amari	€ 1,50
Aperitivi	€ 2,00
Paste	€ 2,30
Cornetti	€ 2,00
Tramezzini (prosciutto/formaggio)	€ 2,15
Panini (prosciutto/formaggio)	€ 2,25

*Note the alternative spelling of this word: **tè** or **the**.

8 **Al ristorante. Guarda il menù del ristorante 'Spiaggia d'Oro' e dividi i piatti in queste categorie**/Look at the restaurant menu below and divide the dishes into these categories.

antipasti starters — *prosciutto e melone, _____*
primi first course — *spaghetti alle vongole, _____*
secondi second course — *bistecca ai ferri, _____*
contorni side dish — *insalata mista, _____*
dessert puddings — *tiramisù, _____*

Risotto alla pescatora	Insalata mista	Gnocchi al pesto	Tiramisù
Bistecca ai ferri	Gelati	Patatine fritte	Zucchine fritte
Gamberetti in salsa rosa	Peperonata	Prosciutto e melone	
Spaghetti alle vongole	Linguine alla 'Spiaggia d'Oro'	Ravioli agli spinaci	
Pesce alla griglia	Torta al limone	Salumi e olive	
Pescespada alla griglia	Calamari fritti	Bruschetta	Pollo alla diavola
Insalata caprese	Cassata Siciliana	Polenta alla valdostana	
Capretto	Macedonia di frutta	Crostata di frutta	

Clams

Caprese
Linguine
Cal frutti x2
insalata mista
Peperonata
vino bianco della casa
acqua minerale
Gamberetti
gnocchi pesto
Ravioli agli spinaci

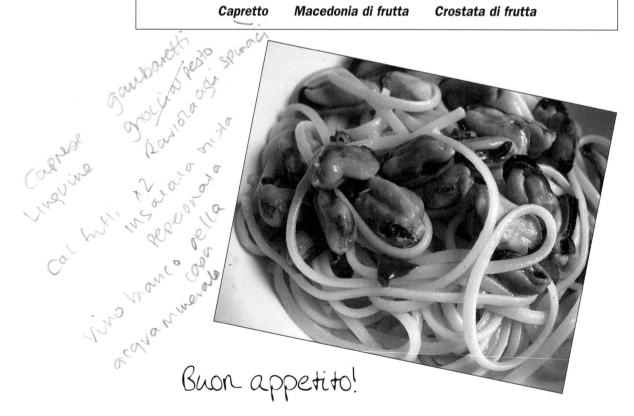

Buon appetito!

9 **Ascolta e metti un segno (✓) nel menù di pagina 54 accanto ai piatti menzionati. Poi riascolta e scrivi cosa ordinano i clienti**/
Listen and tick the dishes you hear from the menu on page 54. Listen to the recording again and write down the customers' orders.

10 **Completa il dialogo con le parole qui sotto, poi riascolta e verifica**/Complete the dialogue with the words below then listen to the recording and check your answers.

| abbiamo scusi da bere prendo vorrei preferisco cosa sono |
| anche per me |

A _Scusi_ , possiamo ordinare?

B Sì, certo.

A Come antipasto prendo una caprese.

C Io _Vorrei_ gamberetti in salsa rosa.

B Bene. E per primo?

C _Cosa Sono_ le linguine alla 'Spiaggia d'Oro'?

B Linguine ai frutti di mare.

C Va bene. _Prendo_ le linguine alla ' Spiaggia d'Oro'. E tu, cosa prendi?

A Vorrei gnocchi al pesto.

B Mi dispiace, gli gnocchi sono finiti. _Abbiamo_ però degli ottimi ravioli agli spinaci.

A Va bene, allora prendo i ravioli.

B Per secondo?

A Calamari fritti per me.

C _Anche per Me_. E un'insalata mista.

A Io _Prefensco_ la peperonata.

B Va bene. _Da bere_ ?

A Una bottiglia di vino bianco della casa.

C E un'acqua minerale.

B Bene.

Linguine alla 'Spiaggia d'Oro'

Colours used as adjectives

bianco	white	**vino bianco**
rosso	red	**vino rosso, peperoni rossi**
giallo	yellow	**peperoni gialli**
nero	black	**olive nere**
verde	green	**olive verdi, salsa verde**
rosa (invariable)	pink	**salsa rosa**
azzurro	light blue	**cielo azzurro**
blu (invariable)	dark blue	**mare blu**
arancione	orange	**giacca arancione**
marrone	brown	**borsa marrone**
grigio	grey	**cielo grigio**
viola (invariable)	purple	**maglione viola**

11 Siete al ristorante 'Spiaggia d'Oro'. Dividetevi in gruppi di tre: uno di voi è il cameriere e gli altri i clienti. Recitate il dialogo dell'esercizio 10/You are at the Spiaggia d'Oro restaurant. Work in groups of three: one of you will be the waiter/waitress taking the orders, and the others the customers. Act out the dialogue from section 10.

12 Guarda i piatti del menù e chiedi al tuo/alla tua partner cosa gli/le piace. Di' se sei d'accordo/Look at the menu of the Spiaggia d'Oro and ask your partner what dishes s/he likes. Agree or disagree with him/her.

A Ti piacciono gli gnocchi al pesto?
B Sì, molto.
A Anche a me/A me no.

A Ti piacciono i calamari fritti?
B A me no.
A Neanche a me/A me sì.

Un caffè all'aperto

13 **In albergo. Scrivi le parole del riquadro accanto al simbolo appropriato**/Match the words below with the corresponding symbols.

centro	minibar	sul mare	telefono	piscina	campo da tennis
TV	bagno	bar	aria condizionata	doccia	riscaldamento
discoteca	mezza pensione	parcheggio	ristorante	camera singola	
pensione completa	camera doppia	bancomat	camera tripla		

1 ⊞ central heating   *riscaldamento*

2 ≡ air conditioning   *aria Condizionata*

3 swimming pool   *piscina*

4 tennis court   *campo da tennis*

5 half board   *mezza pensione*

6 full board   *pensione completa*

7 T.V. television   *TV*

8 cash dispenser   *bancomat*

9 telephone   *telefono*

10 bathroom   *bagno*

11 shower   *doccia*

12 double room   *camera doppia*

13 triple room   *camera tripla*

14 minibar   *minibar*

15 single room   *camera singola*

16 P parking   *parcheggio*

17 bar   *bar*

18 restaurant   *ristorante*

19 discotheque   *discoteca*

20 on the sea   *sul mare*

21 centre   *centro*

14 **Elenca 5 servizi che sono importanti per te in un albergo**/Make a list of the 5 most important features you look for in a hotel.

Camera doppia, bagno, doccia, piscina ristorante

15 Ascolta e completa il dialogo/Listen and fill in the gaps.

A Buongiorno, _Vorrei_ una camera per tre notti.
B Una _camera singola_ ?
A Sì.
B Con _bagno_ in camera ?
A Con bagno quanto costa?
B €80 a _notte_.
A E _con doccia_ ?
B €65.
A La _colazione_ è compresa?
B Sì, certo.
A _c'è_ la TV in camera?
B Sì, _ci sono_ anche la radio e il telefono.
A E il minibar _c'è_ ?
B No, la camera da €65 è senza minibar.
A Va bene, la _prendo_ .
B Bene, è la camera no. 53 al secondo _piano_ . Ha un documento?
A Ecco il _passaporto_ .
B Grazie.

16 Siete all'Hotel Diamante. Uno di voi è il/la cliente e l'altro è il/la receptionist. Scambiatevi i ruoli/You are at the Diamante Hotel. One of you is the receptionist, the other the guest. Take turns.

a You want a double room with bath for three nights; you also want to know whether there is a swimming pool.
b You want a single room with shower for five nights; you want to know if breakfast is included and inquire about parking facilities.
c You want a room with three beds, half board; you also want your room to be air-conditioned with TV, radio and telephone.

17 Ascolta e completa/Listen and complete.

gennaio feb_braio_ ma_rzo_ a_prile_ maggio giu_gno_ _luglio_ agosto set_tembre_ _otobre_ _novembre_ _dicembre_ .

grammatica

There is / There are	
C'è il minibar?	Is there a minibar?
Sì, c'è/ No, non c'è.	Yes, there is/ No, there isn't.
Ci sono altre coperte?	Are there any other blankets?
Sì, ci sono/No, non ci sono.	Yes, there are/No, there aren't.

Extra!

18 **Ascolta il dialogo, metti un segno (✓) accanto a quello che viene ordinato.**
Scrivi anche il prezzo di ogni ordine/Listen to the dialogue and put a tick next to
what people order. Give (in figures) the price for each item ordered.

€ _____   € _____   € _____

€ _____   € _____   € _____

€ _____   € _____

19 a **Ascolta la telefonata di Lucia all'Hotel Bella Vista e completa la scheda**/
Listen to Lucia's phone call to the Bella Vista Hotel and complete the form below.

> ## Hotel Bella Vista
> *Scheda di prenotazione*
>
> Nome: _____
>
> Tipo di camera: _____
>
> Periodo: _____
>
> Prezzo: _____
>
> Servizi richiesti: _____

b **In base alle informazioni della scheda di prenotazione qui sopra, scrivi**
il dialogo tra la cliente e la receptionist/From the information in the form
above, reconstruct the dialogue between the guest and the receptionist.

To help you, we report here what the receptionist says:

> Hotel Bella Vista, buongiorno / Per tre notti? Quando? / Camera singola
> con bagno? / €55 a notte. / €40. / Sì, c'è il telefono. / Sì, c'è anche la TV.

Lucia
Buongiorno, sono Lucia Patroni.

Receptionist
Hotel Bella Vista, buongiorno.

5 Al bar

Grammatica

~ Prepositions

Prepositions cannot be translated literally. So far, you have met:

a in, to		**in** in, to, by	
Abito a Roma.	I live in Rome.	**Abito in Italia.**	I live in Italy.
Vado a Parigi.	I go to Paris.	**Vado in Francia.**	I go to France.
		Vado in bicicletta.	I go by bike.

di from, of		**da** to, at, from, for	
Sono di Londra.	I'm from London.	**Vado da mia nonna.**	I'm going to my granny's.
Prendo un bicchiere di latte.	I'll have a glass of milk.	**Ceniamo da Lara.**	We'll have dinner at Lara's.
con with		**Vengo da Parigi.**	I'm on my way from Paris.
Abito con Mara.	I live with Mara.	**Sono sposata da due anni.**	I've been married for two years.
per for			
Anche per me.	For me too.		

Note the use of prepositions with the following words:

<u>in</u> discoteca	in/at/to the discotheque	<u>a</u> teatro	in/at/to the theatre
palestra	gym	**scuola**	school
pizzeria	pizza house	**casa**	at home/home
piscina	swimming pool		
montagna	mountains	<u>al</u> cinema	in/at/to the cinema
ufficio	office	**ristorante**	restaurant
banca	bank	**bar**	bar/pub
campagna	countryside		
albergo	hotel	<u>all</u>'università	in/at/to the university
centro	centre		

~ There is/There are

- **C'è** translates 'there is'. **Ci sono** translates 'there are'.
  C'è la TV in camera.   There is a television in the room.
  Ci sono due asciugamani in bagno.   There are two towels in the bathroom.

- In a question the word order does not change. Therefore the rising intonation is vital.
  C'è la TV in camera?   Is there a television in the room?
  Ci sono asciugamani in bagno?   Are there towels in the bathroom?

- In the negative, **non** comes before **c'è, ci sono**.
  Non c'è la TV in camera.   There isn't a television in the room.
  Non ci sono asciugamani in bagno.   There are no towels in the bathroom.

Esercizi di grammatica

(handwritten, right margin:)
i cappuccini
le spremute
i succhi di frutta
i panini   i tè
i cornetti   gli amari
le birre   i gelati
              i tramezzini
         gli aperitivi
         le paste
         i caffè
         le coca cole

Definite articles

1 Turn the following words into the plural, and add the correct definite article.

cappuccino, spremuta, succo di frutta, panino, cornetto, birra, tè/the, amaro, gelato, tramezzino, aperitivo, pasta, caffè, Coca Cola

Indefinite articles

2 Put the indefinite articles in front of the following words

una camera singola, _un_ parcheggio, _un_ minibar, _un_ bar, _un_ ascensore, _un_ campo da tennis, _una_ TV, _un_ telefono, _una_ piscina, _una_ discoteca, _un_ bancomat, _una_ radio, _un_ bagno, _un_ ristorante, _una_ doccia

There is/There are

3 Fill in the gaps with c'è or ci sono.

a Non ___c'è___ la piscina.
b ___Ci sono___ giochi per bambini?
c ___Ci sono___ 45 camere doppie.
d ___Ci sono___ asciugamani puliti?
e Non ___c'è___ l'ascensore.

Prepositions

4 Fill in the gaps with the missing prepositions.

a Mi piace andare ___in___ discoteca. – A me no, io preferisco andare ___a___ teatro o ___al___ cinema.
b Victor va tutte le sere ___in___ palestra perché è vanitoso e molto grasso.
c Generalmente pranzo ___con___ Caterina, ma oggi vado ___da___ Mara.
d Perché non andiamo ___in___ piscina? – No, fa freddo. E poi, non so nuotare … Andiamo invece ___in___ centro ___al___ ristorante!
e Sono ___di___ Londra, ma abito ___in___ Svizzera, ___a___ Ginevra.

Verbs

5 Fill in the gaps with the appropriate form of the verbs.

Carissime Ruth e Helen,
come (stare) _state_? (essere) _Sono_ in vacanza al mare con Patrick e (essere) _Siamo_ molto innamorati. (alzarsi) _ci alziamo_ presto tutte le mattine, (passeggiare) _passeggiamo_ lungo la spiaggia, e (vedere) _vediamo_ il sorgere del sole. Alle 9 (fare) _facciamo_ colazione, poi (passare) _passiamo_ tutto il giorno in spiaggia. Il pomeriggio (riposarsi) _____ e la sera (andare) _____ al ristorante e poi in discoteca, dove (ballare) _____ fino a tardi. (tornare) _____ in albergo in taxi stanchi, ma abbiamo sempre tempo e voglia di …. un gelato! E voi, che cosa (fare) _____ di bello?
Bacioni. Tiziana

Glossario

1

un panino	a roll
un tramezzino	a sandwich
un'aranciata	an orangeade
un'acqua minerale	a mineral water
un gelato	an ice cream
una birra	a beer
una cioccolata	a chocolate
un cornetto	a croissant
un succo di frutta	a fruit juice
uno spumante	a sparkling white wine
un aperitivo	an aperitif
una spremuta	a freshly squeezed juice

5

Quant'è?	How much is it?
cameriere/a	waiter/waitress
Quanto pago?	How much do I owe you?

6/7

Desidera?/Dica?/Prego?	What would you like?
un caffè macchiato	a coffee with a dash of milk
un caffè decaffeinato	a decaffeinated coffee
un amaro	a digestive (lit. bitter)

8

insalata mista	mixed salad
patatine fritte	chips
bistecca	beefsteak
zucchine	courgettes
gamberetti	shrimps
prosciutto	ham
vongole	clams
pesce	fish
torta	cake
calamari	squid
pollo	chicken

10

Possiamo ordinare?	Can we order?
ottimo	very good
Anche per me.	For me too.
Da bere?	Anything to drink?

13

sul mare	by the sea
bagno	bathroom
aria condizionata	air conditioning
campo da tennis	tennis court
riscaldamento	central heating

mezza pensione	half board
pensione completa	full board
parcheggio	parking facilities
camera singola	single room
camera doppia	double room
camera tripla	triple room
bancomat	cash dispenser

17

gennaio	January
febbraio	February
marzo	March
aprile	April
maggio	May
giugno	June
luglio	July
agosto	August
settembre	September
ottobre	October
novembre	November
dicembre	December

19

servizi richiesti	requirements
scheda di prenotazione	booking form

Esercizi di grammatica

giochi per bambini	games for children
ascensore	lift
vanitoso	vain
grasso	fat
fa freddo	it's cold
essere innamorato	to be in love
sorgere del sole	sunrise
in spiaggia	on the beach
stanchi	tired
avere voglia di	to be in the mood for
Che cosa fai/fate di bello?	How is life?

Ancora un po' di pratica

vista sul mare	sea view
sapere	to know
incluso/a	included
Mi potrebbe spedire…	Could you please send me…
In attesa di una sua gentile risposta, La saluto cordialmente	Hoping to hear from you soon, I thank you for your kind attention

Lavoro di coppia

1 Complete the price list with the missing information by asking your partner.
Quanto costa un caffè espresso?

Bar Alpino
LISTINO PREZZI

Caffè espresso	€ _____		Acqua minerale	€ 1,20
Caffè corretto	€ 1,30		Birra grande	€ _____
Caffè Hag	€ _____		Birra media	€ 2,15
Cappuccino	€ 1,30		Birra piccola	€ _____
Cioccolata	€ _____		Bibite lattina	€ 1,30
The/Camomilla	€ 1,20		Bibite bottiglia	€ _____
Amari	€ _____		Succo di frutta	€ 2,00
Aperitivi	€ 2,00		Spremuta	€ _____
Liquori nazionali	€ _____		Panini	€ 2,15
Liquori esteri	€ 2,25		Paste	€ _____
Grappa	€ _____		Cornetti	€ 2,00

2 You are on holiday in Italy and you are looking for a room. Ask partner B, the receptionist at Villaggio Stromboli, if they have the following:

- ☐ *a double room with a bath*
- ☐ *breakfast included*
- ☐ *with parking facilities*
- ☐ *with a swimming pool*
- ☐ *air conditioning*

Now swap roles. You are the receptionist at La Sciara Residence. Answer partner B's questions following the prompts below. Prices in Euros.

★ **La Sciara Residence** (5/9) ▭62 ⇌122 ⬡59
★ Villa Soldato Cincotta ☎ 090986121 - 090986004
♥ 090986284

🛏		🛏🛁		🛁	🛏 ✕		🛏 ✕	
☐	☐🛋🕸	☐	☐🛋🕸		☐	☐🛋🕸	☐	☐🛋🕸
51,6	51,6	103	103	INCL.	108,5	108,5	144	144
103	103	206	206		154,5	154,5	206	206

Lavoro di coppia

1 Complete the price list with the missing information by asking your partner.

Quanto costa un cappuccino?

Bar Alpino
LISTINO PREZZI

Caffè espresso	€ 1,10	Acqua minerale	€ _____
Caffè corretto	€ _____	Birra grande	€ 2,70
Caffè Hag	€ 1,15	Birra media	€ _____
Cappuccino	€ _____	Birra piccola	€ 2,00
Cioccolata	€ 1,40	Bibite lattina	€ _____
The/Camomilla	€ _____	Bibite bottiglia	€ 2,00
Amari	€ 2,00	Succo di frutta	€ _____
Aperitivi	€ _____	Spremuta	€ 2,30
Liquori nazionali	€ 2,30	Panini	€ _____
Liquori esteri	€ _____	Paste	€ 2,30
Grappa	€ 2,70	Cornetti	€ _____

2 You are the receptionist at Villaggio Stromboli. Partner A comes in to enquire about a room. Answer his/her questions following the prompts below. Prices are in Euros.

★Villaggio Stromboli (4/10) ◻36 ⇙71 ▨36									
★ ★Via Regina Elena ☎090986018 - ✆090986258									
	◻	⊟🖐	◻	⊟🖐		◻	⊟🖐	◻	⊟🖐
	31,5	—	46,4	—	—	—	49	—	61,7
	51,6	—	92,8	—	10,2	—	70,5	—	92,8

Now swap roles. You are looking for accommodation. Ask partner A, the receptionist at La Sciara Residence, if they have the following:

- two single rooms
- for three days
- with TV and air conditioning in each room
- breakfast included
- tennis courts
- sauna

A casa

By the end of this unit you will be able to describe your house, make inquiries about renting a room, and understand property advertisements.

 1 **Ascolta Marina che parla della sua casa ideale e metti un segno (✓) accanto alle camere menzionate**/Listen to Marina talking about her ideal home and put a tick next to the rooms she mentions.

soggiorno

camera da letto

cucina

bagno

studio

ingresso

balcone

salotto

ripostiglio

sala da pranzo

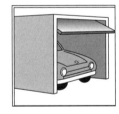

garage

giardino

 2 **Riascolta Marina e sottolinea gli aggettivi che usa per descrivere ciascuna stanza fra quelli della lista qui sotto**/Listen again to Marina's description and underline the adjectives you hear in the list below.

<u>ideale</u> brutta <u>bella</u> grande piccola spaziosa enorme piccolo luminoso arieggiato incolto ben coltivato ordinato selvaggio tranquillo calmo accogliente impersonale moderna antica buio scuro deprimente ordinata gelida fredda matrimoniale antipatiche carine monotone colorate moderno vecchio corto lungo largo stretto

3 **Leggi e ascolta la descrizione dell'appartamento di Paola, guarda la piantina e rispondi alle domande**/Read and listen to the description of Paola's flat, look at the plan below and answer the questions.

Paola abita in un appartamento al primo piano alla periferia di Salerno. Appena si entra, la prima stanza a destra è lo studio. Accanto allo studio c'è la camera da letto. A sinistra, di fronte allo studio, c'è il soggiorno. In fondo al corridoio c'è il bagno e la cucina è tra il bagno e il soggiorno.

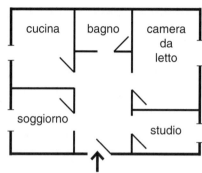

Come si dice in inglese ... ?

a a destra di

b a sinistra di

c in fondo a

d accanto a

e di fronte a

f tra/fra

4 **Ascolta e leggi come Giorgio descrive il suo appartamento e completa la piantina con i nomi delle stanze**/Listen and read how Giorgio describes his flat and write the names of each room in the plan below.

Io abito in un appartamento nel centro storico di Roma da tre anni. Ci sono due stanze più servizi (cucina e bagno), l'ingresso, e un balcone. Appena si entra, a sinistra, c'è la mia camera da letto, che è una stanza molto grande e luminosa perché ci sono due finestre enormi. Accanto alla camera c'è il soggiorno, dove la sera mi piace leggere e ascoltare musica. Appena si entra, a destra, c'è un piccolo bagno con un ripostiglio accanto, pieno di scatole e valigie. In fondo al corridoio, tra il soggiorno e il ripostiglio, c'è la cucina, la mia stanza preferita perché adoro cucinare. La cucina ha una grande porta-finestra che dà sul balcone pieno di fiori e piante.

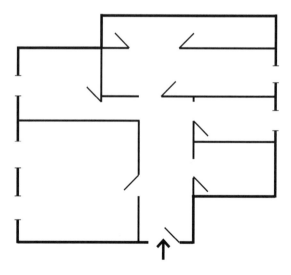

grammatica

Verb + **da** + duration

Abito a Venezia da tre anni. I have been living in Venice for three years.

Note that the present tense also describes actions that *began* in the past and *continue* into the present.

5 Abbina gli aggettivi qui sotto ai loro contrari/Match the adjectives below to their opposite.

a accogliente **b** grande **c** luminoso **d** moderno **e** rumoroso
1 piccolo **2** antico **3** tranquillo **4** buio **5** freddo

 6 Descrivi al tuo/alla tua partner la tua casa ideale/Describe your ideal home to your partner.

7 Con l'aiuto del glossario colloca i mobili nella stanza appropriata e aggiungi l'articolo/Using the glossary on page 74, put the items of furniture below into the appropriate room, adding the articles. Some items can be found in more than one room.

divano lampada lampadario cucina comodino tavolo poltrona letto
lavello lavatrice vasca da bagno tende libreria quadro piumone
forno a micro-onde doccia divano-letto lavastoviglie bidè lavandino
scrivania specchio frigorifero armadio tappeto scaffale sedie

8 Ascolta la descrizione e completa il testo con l'aiuto dei vocaboli dell'esercizio 7/Listen to the description and fill in the gaps. Check against the vocabulary in section 7.

La mia camera è spaziosa e accogliente. C'è una finestra grande con le _____ gialle.
Il _____ è di fronte _____ finestra e accanto _____ letto c'è
il _____ con sopra una _____ . L' _____ è a destra
_____ finestra e la _____ è _____ centro _____
stanza. _____ scrivania c'è il computer. I libri sono sugli _____ a
sinistra della _____ .

 9 Rileggi la descrizione della camera nell'esercizio 8, sottolinea le preposizioni articolate e scomponile/Read the description again, underline the combined prepositions and separate them. The table in the grammar section of this unit will help you.

di fronte <u>alla</u> finestra = <u>a + la</u> finestra

10 **Leggi gli annunci qui sotto e ascolta il dialogo tra Mara, una studentessa italiana che cerca una camera a Londra, e la proprietaria di un appartamento, anche lei italiana. Metti un segno (✓) accanto all'annuncio di cui si parla**/Read the adverts below, then listen to the conversation between an Italian student looking for a room and the landlady, who is also Italian. Decide which room they are talking about.

Large sgle rm for F, Rent £380 PCM, Bills inc except tel, Dep 1 month, Call eves/w.ends, Nr BR/Bus, 0208 341 1288, Gdn.

Dble rm for F/M, Rent £600 PCM, Bills inc except tel, No dep, Nr buses, 0207 342 1876, Rent at beg of mth.

Dble rm for F, Rent £520 PCM, Bills exc, Dep £520, Nr tube/BR, Non-Smoker, 07887-66307, Cat lover

Large sgle rm for M/F, Rent £310 PCM, Bills inc, Dep 1 mth, Nr BR, Non-Smoker, 0208 776 5476, Deposit/refs req.

Large dble rm for M/F, Rent £320 PCM, Bills exc, Dep 1 mth, Call eves, Nr tube, Non-smoker pref, 0208 8811395.

Dble rm for Cple, Rent £640 PCM, Bills exc, Dep 1 mth, Nr BR, 0208 923 2967, Gdn & conservatory.

Sgle rm for F, Rent £185 PCM, Bills exc, Dep £225, Nr BR, 0208 297 8013.

Large dble rm for F, Rent £520 PCM, Bills inc, Dep 1 mth, Call eves, Nr tube/BR/bus, Non-S, 0207 686 1340, Cat lover, gdn.

11 **Riascolta e numera la sequenza delle battute**/Listen to the dialogue again and number the lines in the correct sequence.

Mara

1. Buongiorno. Ho visto l'annuncio sul giornale.
☐ E c'è una cauzione da pagare?
☐ Sì, certo.
☐ E dove si trova esattamente?
☐ Sì, moltissimo. Adoro tutti gli animali.
☐ No, non fumo.
☐ Ah, bene. È molto centrale. E scusi, ma quant'è l'affitto?
☐ Sì, certo. Com'è la camera?
☐ Sì, quando?

Proprietaria

2. Ah, per la camera, vero?
☐ Anche subito. L'indirizzo è …
☐ Lei fuma?
☐ Ha un letto matrimoniale, è bella, spaziosa, con uso cucina.
☐ Perfetto! Senta, vuole venire a vedere la camera?
☐ A Pimlico, vicino alla metropolitana e anche alla stazione ferroviaria.
☐ Sì, prendo un mese di anticipo, risarcibile naturalmente. Senta, posso farle alcune domande?
☐ Ah, bene, perché, sa, vorrei una ragazza che non fuma. E le piacciono i gatti?
☐ 520 al mese. Il gas, l'elettricità e il telefono si pagano a parte.

12 a Completa il dialogo con le parole del riquadro/Fill in the gaps with the words in the box.

> il riscaldamento   vorrei   alle   camera   sono   venire   pagare
> sapere   libera   spaziosa

A Pronto?

B Sì, _____ Chiara Damiani e telefono per la _____ da affittare.

A Sì, certo.

B _____ delle informazioni.

A Sì, mi dica.

B Vorrei _____ dove si trova esattamente.

A Lei conosce Bologna?

B Sì, sì.

A Allora, guardi, è molto vicino a piazza San Petronio, nel centro storico.

B Ah, bene, nella zona universitaria. E la camera è _____ ?

A Sì, è molto spaziosa e anche molto luminosa.

B È con _____ _____ ?

A Sì, certo. Vuole venire a vedere la camera?

B Sì, è già _____ ?

A No, è libera da lunedì prossimo, però può venire.

B C'è una cauzione da _____ ?

A Sì, di €300.

B Ah, va bene. Allora, posso _____ oggi pomeriggio?

A Sì, a che ora?

B Va bene _____ 5.00 ?

A Sì, d'accordo. L'indirizzo è vicolo San Petronio 26. A più tardi allora.

B Sì, arriverderci. Grazie!

 b Ora ascolta e controlla/Now listen and check your answers.

13 Seguendo il modello del dialogo 12, telefona per affittare la camera A. Un compagno/una compagna ti risponde. Poi scambiatevi i ruoli. Lui/lei vuole affittare la camera B/Now it is your turn: with a partner act out two dialogues similar to the one in section 13 following the prompts below.

A You are looking for:
a bright and spacious room
near the train station
you need to move in tomorrow
you can't pay more than €230
deposit

B Your partner is looking for:
a room with a double bed
with a TV
near the university
and can't pay a deposit

14 a Leggi l'articolo e indica se le affermazioni che seguono sono vere o false. Correggi quelle false/ Read the article and decide whether the statements below are True or False. Correct the false ones.

Una delle città italiane più belle, ma poco conosciute dai turisti italiani e stranieri è Matera, in Basilicata. Matera è una città eccezionale che affascina scrittori, poeti, registi, e chiunque la visiti.

Il centro storico di Matera risale a più di novemila anni fa e consiste in un labirinto di case scavate nel tufo della Gravina, il profondo burrone creato dal torrente omonimo. Tra i vicoli, le botteghe, le terrazze, le scale, e le piazzette si nascondono le chiese rupestri fondate dai monaci benedettini dal VII al XII secolo, che sono testimonianze preziosissime di arte e di spiritualità.

Il paesaggio che circonda Matera è molto diverso da quello delle altre città italiane. Infatti la città ha caratteristiche ambientali più simili al Medio-oriente che ai paesi del Mediterraneo: è arida, brulla, secca, priva di vegetazione e tutto questo le conferisce un'aria di profonda sacralità. Questa particolarità ha attirato in passato eremiti in cerca di isolamento per pregare, e attira oggi artisti e registi in cerca d'ispirazione.

Dopo un periodo di degrado durato fino alla fine degli anni 50, la città oggi è sede di molte iniziative artigianali e artistiche sia in ambito nazionale che internazionale.

Matera è ricca di monumenti storici, di musei, di reperti archeologici. Inoltre, oggi c'è una forte presenza di botteghe artigianali e centri artistici che richiamano turisti da tutto il mondo.

Una peculiarità di Matera è il suo isolamento geografico: è l'unica città di provincia a non avere una stazione ferroviaria.

Quindi, se siete alla ricerca di un ambiente tranquillo, accogliente, intellettualmente stimolante, con una cucina semplice, genuina e saporita, dovete assolutamente visitare questa città straordinaria.

Matera, in Basilicata

	True	False
1 Matera is dug into the rock.	___	___
2 The Benedictine monks used to hide inside the churches.	___	___
3 In Matera the landscape reminds one of the Middle East.	___	___
4 In all Italian provincial towns there is a railway station.	___	___

 b Fa' corrispondere ciascun aggettivo al suo contrario/Match the opposites.

tranquillo genuino stimolante accogliente semplice saporito straordinario profondo prezioso spirituale diverso arido/brullo isolato	rumoroso centrale noioso freddo complesso ordinario materiale simile artificiale insipido superficiale lussureggiante senza valore

Extra!

15 **Ascolta il dialogo e elenca in inglese tutte le differenze possibili tra le abitazioni a Londra e a Bologna**/Listen to the dialogue and write down as many differences as you can between houses in London and in Bologna.

16 **Marina cerca una camera singola per l'anno accademico in corso vicino all'università, con uso cucina, non vuole spendere più di €280 al mese spese incluse. Leggi gli annunci, trova la camera adatta a lei e spiega in inglese i motivi della tua scelta**/Marina is looking for a single room not far from the University, with cooking facilities. She can afford a maximum of €280 per month. Read the adverts below, find a suitable room for her and state the reason for your choice in English.

PRIVATO affitta posto letto in camera doppia in grande appartamento completamente rinnovato, doppi servizi, 5 mt a piedi dalla Stazione, a €260 + spese Tel.040-671105 – 040-125967 ore serali.

PRIVATO affitta libero subito posto in ampia stanza doppia solo a studentessa, termoautonomo, doppi servizi, vicinissimo all'Università nuova, a €300 mensili Tel. 040-124297.

STUDENTESSA o lavoratrice cercasi per camera doppia in appartamento vicino al teatro Giulia a €250 mensili Tel. 0368-7387991 – 040-350059.

IN PIAZZALE EUROPA signora affitta camera luminosa, silenziosa, con uso cucina, a studentessa o lavoratrice, non fumatrice, periodo 3-6 mesi, a €275 tutto compreso Tel.040-566491 serali.

PRIVATO AFFITTA in appartamento zona Università nuova, luminoso, tranquillo, a studentesse posto letto in camera doppia €230 mensili Tel 040-569564.

LIBERO POSTO in stanza doppia per ragazza in ampio, luminoso e moderno appartamento, in zona centrale, 50 mt. dalla stazione, €250 + Acegas Tel. 0347-9835325 – 0347-0369323 – 0422-378508.

CERCASI STUDENTESSA o lavoratrice per dividere appartamento, non fumatrice, camera singola, appartamento centrale, €300 + spese, da occuparsi anche per la fine di ottobre primi novembre Tel. 040-370003.

A STUDENTESSE non residenti, privato affitta stanze grandi e luminose in appartamento signorile, doppi servizi, riscaldamento autonomo, ascensore, telefono, lavatrice. Vicinissimo Scuola Superiore di Lingue e Stazione Centrale. Singola €280, doppia EU 230. Tel. 040-413676 – 040-43312.

LIBERO DA SUBITO posto in ampia stanza doppia, in via Marconi, TV, lavastoviglie e telefono, a €270 mensili + spese Tel. 040-568320 ore pasti.

LIBERI 2 POSTI in camera doppia, in appartamento a 10 minuti dall'Università, cucina, 2 camere, bagno, terrazzo, a €290 spese comprese Tel. 0349-8081587 – 0432-980834.

Grammatica

∼ Combined prepositions

The prepositions **a**, **di**, **da**, **in**, **su**, contract and combine with the definite article to form a single word. The chart below shows you the most widely used combinations.

	il	lo	l'	la	i	gli	le	
a	**al**	**allo**	**all'**	**alla**	**ai**	**agli**	**alle**	to/at/in/on the
di	**del**	**dello**	**dell'**	**della**	**dei**	**degli**	**delle**	of the
da	**dal**	**dallo**	**dall'**	**dalla**	**dai**	**dagli**	**dalle**	from the
in	**nel**	**nello**	**nell'**	**nella**	**nei**	**negli**	**nelle**	in/to the
su	**sul**	**sullo**	**sull'**	**sulla**	**sui**	**sugli**	**sulle**	on the

The prepositions **con** (with), **per** (for) and **tra/fra** (between) do not usually contract and combine with the definite article.

∼ Place

Note the use of the following:

accanto a	next to	**La cucina è accanto al bagno.** The kitchen is next to the bathroom.
di fronte a	opposite	**La biblioteca è di fronte all'Università.** The library is opposite the University.
dietro a	behind	**Il parco è dietro all'Università.** The park is behind the University.
in fondo a	at the end of	**La mensa è in fondo al corridoio.** The canteen is at the end of the corridor.
vicino a	near to	**Abito vicino al supermercato.** I live near to the supermarket.
lontano da	far from	**Abito lontano dal centro.** I live far from the centre.
a sinistra	on the left	**Entrando a sinistra c'è il bagno.** As you enter on the left, there is the bathroom.
a destra	on the right	**Entrando a destra c'è la cucina.** As you enter on the right, there is the kitchen.
sotto	under	**Sotto il letto c'è una scarpa.** There's a shoe under the bed.
al centro di	in the middle of	**Al centro della stanza, c'è una poltrona.** In the middle of the room, there is an armchair.

Esercizi di grammatica

Combined prepositions

1 Fill in the gaps with the combined prepositions.

Il latte è (in + il) *nel* frigorifero.

a Il computer è (su + la) _____ scrivania.

b Il libro è (in + la) _____ borsa.

c Il telefono è (su + lo) _____ scaffale.

d La giacca è (in + l') _____ armadio.

e I dischi sono (su + le) _____ mensole.

f Le videocassette sono (su+gli) _____ scaffali.

g I maglioni sono (in + i) _____ cassetti.

Place

2 Look at Marco's room and complete the message his mother left him. Fill in the gaps with the appropriate combined preposition when needed.

Marco, che disordine! Una scarpa è _____ il letto. La sveglia suona
inutilmente _____ cassetto. C'è una bottiglia di vino al centro
_____ stanza. _____ al vino c'è un televisore brutto e
sporco. Il telefono è _____ valigia. _____ al letto c'è una
poltrona piena di vestiti disordinati. _____ televisore ci sono gli avanzi del
pranzo. _____ lampada in alto c'è la mia bellissima sciarpa di cashmere.
La radio, invece, è _____ letto. La borsa è _____ pavimento.
Metti tutto in ordine prima di stasera, per cortesia. Un bacio. Mamma.

6 A casa

Glossario

1

il soggiorno	living room
la camera da letto	bedroom
la cucina	kitchen
il bagno	bathroom
lo studio	studio
l'ingresso	hall
il balcone	balcony
il salotto	parlour
il ripostiglio	storeroom
la sala da pranzo	dining room
il garage	garage
il giardino	garden

2

ideale	ideal
brutto/a	ugly
spazioso/a	spacious
enorme	huge
luminoso/a	light
arieggiato/a	airy
incolto/a	unkempt
ben coltivato/a	cultivated
ordinato/a	tidy
selvaggio/a	wild
tranquillo	quiet
accogliente	cosy
impersonale	impersonal
moderno	modern
antico/a	old/antique
buio/a	dark
deprimente	depressing
gelido/a	ice-cold
freddo/a	cold
matrimoniale	double (bed/room)
antipatico/a	unpleasant
carino/a	nice, pleasant
monotono/a	boring
colorato/a	colourful
scuro/a	dark
vecchio/a	old
corto/a	short
lungo/a	long
largo/a	wide
stretto/a	narrow

3/4

periferia	suburbs
l'appartamento	flat
la stanza	room
appena	as soon as

il corridoio	corridor
storico	historical
la finestra	window
pieno/a di	full of
la scatola	box
la valigia	suitcase
la porta-finestra	French window
dare su	to open onto
il fiore	flower
la pianta	plant

5

rumoroso	noisy

7

il divano	sofa
la lampada	lamp
il lampadario	lampshade
la cucina	cooker
il comodino	bedside table
il tavolo	table
la poltrona	armchair
il letto	bed
il lavello	kitchen sink
la lavatrice	washing machine
la vasca da bagno	bathtub
la tenda	curtain
la libreria	bookcase
il quadro	picture/painting
il piumone	duvet
il forno a micro-onde	microwave oven
la doccia	shower
il divano-letto	sofa bed
la lavastoviglie	dishwasher
il bidè	bidet
il lavandino	wash basin
la scrivania	desk
lo specchio	mirror
il frigorifero	fridge
l'armadio	wardrobe
il tappeto	carpet
lo scaffale	shelf
la sedia	chair

8

giallo/a	yellow

See Appendix pp. 190–1 for Sections **11, 13, 14, Extra!, Esercizi di grammatica, Lavoro di coppia, Ancora un po' di pratica.**

Lavoro di coppia

1 Look at the plan of the flat below and describe it to your partner, so that s/he can try to sketch a plan.

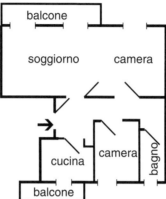

Now your partner will describe his/her flat. Sketch the rooms in the space below.

2 a Look at the statements and tick the ones that, as far as you know, apply to Venice.

1 È tranquilla.
2 Ci sono molte chiese e piazze.
3 È bellissima.
4 È sull'acqua.
5 Le strade sono strette.

6 C'è molto traffico.
7 È molto turistica.
8 È una città industriale.
9 Ci sono molti mercati e negozi.
10 È una città moderna.

Now, describe Venice to your partner using the statements above and anything you know about this town.

b Listen to your partner and write down the adjectives used by him/her to describe Rome.

Lavoro di coppia

1 Listen to the description of your partner's flat and sketch the rooms in the space below.

Look at the plan of the flat below and describe it to your partner.

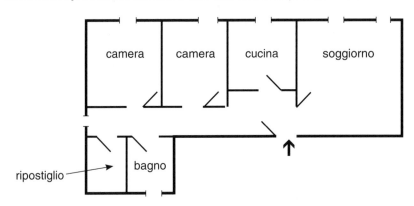

2 a Listen to your partner and write down the adjectives used by him/her to describe Venice.

b Look at the statements and tick the ones that, as far as you know, apply to Rome.

1	È caotica e rumorosa.	6	C'è molto traffico.
2	Ci sono molte chiese antiche e piazze.	7	È poco conosciuta.
3	È rilassante.	8	È una città antichissima.
4	È la città eterna.	9	È piuttosto noiosa.
5	È affollata.	10	I romani sono molto aperti e simpatici.

Now, describe Rome to your partner using the statements above and anything you know about this town.

By the end of this unit, you will be able to find your way around in town. You will be able to ask for and give directions and to buy train tickets.

 1 Guarda le figure e scrivi le parole corrispondenti in inglese. Poi controlla le risposte nel glossario./Look at the pictures and write the English equivalent. Then check your answers in the glossary.

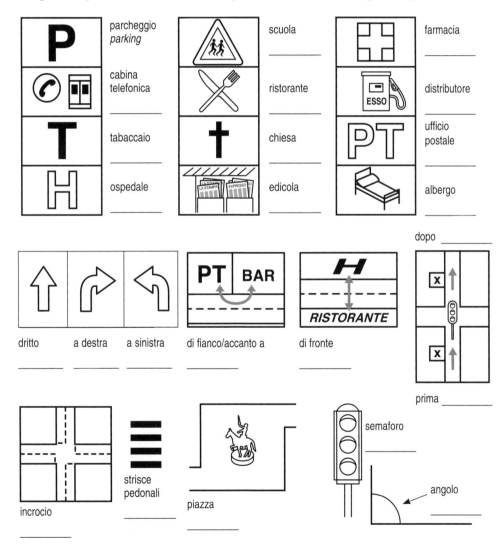

parcheggio
parking

cabina telefonica

tabaccaio

ospedale

scuola

ristorante

chiesa

edicola

farmacia

distributore

ufficio postale

albergo

dritto   a destra   a sinistra   di fianco/accanto a   di fronte

dopo _____

prima _____

incrocio   strisce pedonali   piazza   semaforo   angolo

2 a Guarda la cartina e completa i dialoghi con le parole del riquadro/Look at the map and fill in the gaps in the dialogues with words from the box below.

di fronte   dopo   accanto   prima   sinistra   di fronte

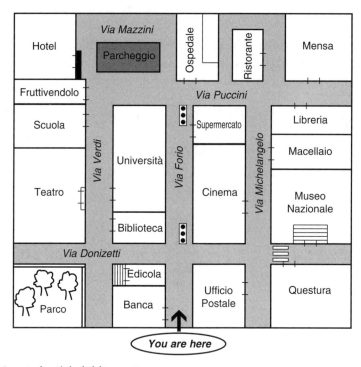

1 A Scusi, dov'è la biblioteca?
  B È in via Verdi, _____ al teatro.

2 A Scusi, dov'è l'università?
  B È _____ alla biblioteca, _____ al parcheggio.

3 A Scusa, dov'è il supermercato?
  B È in via Forio, _____ il cinema, a destra.

4 A Scusa, dov'è la scuola Dante Alighieri?
  B È in via Verdi, _____ del fruttivendolo, a _____ .

b Ascolta e controlla/Listen and check.

Asking for directions	
formally	informally
Scusi, dov'è via Verdi?	**Scusa, dov'è via Verdi?** Excuse me, where is via Verdi?

3 **Leggi e ascolta le indicazioni stradali qui sotto. Seguile sulla cartina dell'esercizio 2. Dove ti trovi?**/Read and listen to the directions below. Follow them on the map in section 2. Where do you end up?

    a La prima strada a destra, sempre dritto: è dopo l'ufficio postale a destra.

    b Sempre dritto, la seconda a sinistra: è di fronte al parcheggio.

    c La prima a sinistra, poi subito a destra, sempre dritto: è accanto al fruttivendolo.

    d Sempre dritto, al secondo semaforo gira a destra: è di fronte alla libreria.

4 **Per ciascuna risposta dell'esercizio 3, scrivi la domanda prima in modo formale, poi informale**/For each answer in section 3, write the questions first formally, then informally.

    a _____

        _____

    b _____

        _____

    c _____

        _____

    d _____

        _____

5 **Guarda gli esempi e scrivi delle domande usando *c'è* o *dov'è***/Now look at the examples and write questions using either **c'è** or **dov'è**.

    a l'università

    b un cinema

    c un ufficio postale

    d il teatro San Carlo

    e un parcheggio

    f l'hotel Napolitano

> Scusi, c'è una banca qui vicino?

> Scusi, dov'è la Banca Nazionale?

Is there …? Where is …?	
Scusi, c'è una banca qui vicino?	Excuse me, is there a bank nearby?
Scusi, dov'è la Banca Nazionale?	Excuse me, where is the Banca Nazionale?

6 Abbina le seguenti espressioni all'equivalente inglese/Match the following words with the English equivalent.

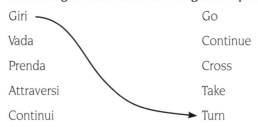

Giri — Go
Vada — Continue
Prenda — Cross
Attraversi — Take
Continui → Turn

7 Ascolta i dialoghi e completali/Listen and fill in the gaps.

a A Scusi, dov'è il parco?
  B Allora, _____ la prima a sinistra, _____ sempre dritto ed è lì sulla sinistra.

b A Scusa, c'è un ufficio postale da queste parti?
  B Sì, certo. Dunque _____ sempre dritto, _____ la prima a sinistra e _____ la piazza, ed è subito lì a destra.

c A Scusi, c'è un albergo qui vicino?
  B Sì, _____ la prima a sinistra e poi _____ sempre dritto e l'albergo è dopo il fruttivendolo, davanti al parcheggio.

d A Senti, scusa, dov'è la libreria Rizzoli?
  B È vicino all'università, allora _____ sempre dritto, al secondo semaforo _____ a sinistra, poi _____ sempre dritto, in fondo alla strada c'è la libreria.

8 Guarda nuovamente i dialoghi qui sopra e scrivi a fianco se sono formali (F) o informali (I). Poi sottolinea le parole che lo indicano/Look again at the dialogues above and write next to each dialogue whether they are formal or informal. Then, underline the words that helped you decide.

9 Guarda la cartina dell'esercizio 2 e di' se le indicazioni stradali date nell'esercizio 7 sono vere o false/Look at the map in section 2 and establish whether the directions given in section 7 are true or false.

Imperatives		grammatica
formal	informal	
Vada	**Vai/Va'**	Go
Prenda	**Prendi**	Take
Giri	**Gira**	Turn
Continui	**Continua**	Continue
Attraversi	**Attraversa**	Cross

10 Ascolta e completa/Listen and fill in the gaps.

A Scusi, per andare alla biblioteca Nazionale?
B Eh, guardi, è un po' _____ , deve prendere l' _____ .
A Che numero?
B Il 38 o il 73.
A E dov'è la _____ ?
B È all'angolo, dopo il _____ , davanti all'edicola.
A Dove posso comprare il _____ ?
B Proprio lì, all' _____ .
A Per caso, sa dove devo _____ ?
B La biblioteca Nazionale è in Corso Umberto, deve scendere alla terza _____ , dopo il cinema Corallo.
A Grazie.
B Di niente. Arrivederla.

11 a Come vai all'università? Guarda e ascolta/How do you travel to university? Look and listen.

a piedi

in macchina

in autobus

in metropolitana

in treno

in bicicletta

in tram

b Chiedi ad almeno 5 compagni di classe come vanno all'università e completa la scheda/Ask 5 of your classmates how they travel to university and complete the grid below.

Nome	Mezzo di trasporto

12 **Metti in ordine il dialogo**/Unscramble the dialogue putting the sentences in the right order.

☐ Un biglietto di andata e ritorno per Roma.

☐ Dal binario 23.

☐ Tra 10 minuti, alle 13:25.

☐ Bene. Da quale binario parte?

☐ Vuole viaggiare con l'Eurostar*?

☐ Sì, va bene. Quanto costa?

☐ Grazie.

☐ E a che ora parte il prossimo?

☐ Andata e ritorno viene € 28, incluso il supplemento.

☐ Di niente, arrivederla.

*Not to be confused with the Eurotunnel service.

13 **Ora ascolta e verifica**/Now, listen and check your answer.

14 **Completa il dialogo. Poi ascolta e controlla.**/Complete the dialogue. Then listen and check your answers.

You (Say you'd like a ticket to Florence.) _____

Clerk Andata e ritorno?

You (Say you want a single ticket.) _____

Clerk Va bene. Il prossimo treno è il rapido delle 7:30 e deve cambiare a Bologna.

You (Ask what time the connection is.) _____ la coincidenza?

Clerk Parte alle 10:15 e arriva a Firenze alle 12:25.

You (Say: All right, one single ticket, please.) _____

Clerk Viene € 26.

You (Ask what platform the train departs from.) _____

Clerk Dal binario 15.

You (Thank him.) _____

15 **In coppia fate questo dialogo usando gli elementi elencati. Poi scambiatevi i ruoli**/In pairs, act out the dialogues below and then swap roles.

Tourist	Clerk
Bari	€ 16
Return	departure 18:15. Arrival 21:20
Timetable	platform 18
Price? Platform?	

Extra!

16 **Ascolta e segna il percorso sulla cartina qui sotto**/Listen and trace the route on the map below.

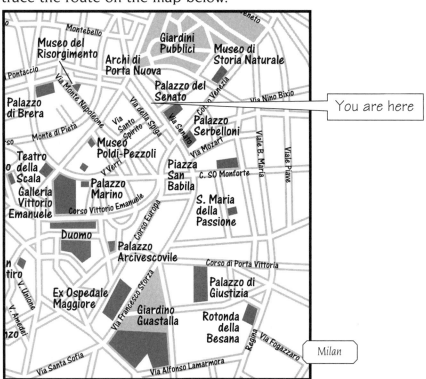

17 **Guarda il biglietto ferroviario e rispondi alle domande**/Look at the train ticket below and answer the questions.

a For how many people is the ticket valid?
b From what station to what destination is the ticket valid?
c How long is the ticket valid for?

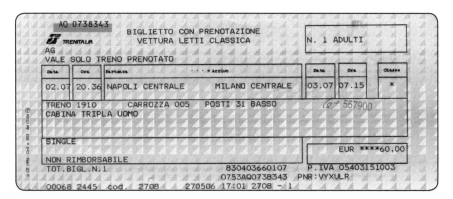

Grammatica

~ The imperative

The imperative is used to give instructions or orders and to make strong suggestions. There are two types of imperative: Informal and Formal.

~ Informal imperative (tu/voi)

The forms of the informal imperative are the same as those of the present tense. The exception is the **tu** form of the verbs ending in **-are** which always ends in **-a** in the imperative.

	scus**are**	prend**ere**	part**ire**
(tu: you singular)	scus**a**	prend**i**	part**i**
(voi: you plural)	scus**ate**	prend**ete**	part**ite**

~ Formal imperative (Lei/Loro)

The forms of the formal imperative are:

	scus**are**	prend**ere**	part**ire**
(Lei: you singular)	scus**i**	prend**a**	part**a**
(Loro: you plural)	scus**ino**	prend**ano**	part**ano**

In contemporary usage, the **voi** form is preferred to the **Loro** form of the imperative.

~ Irregular imperative

	avere	essere	andare	dare	dire	fare	stare	venire
(tu)	abbi	sii	va'/vai	da'/dai	di'	fa'/fai	sta'/stai	vieni
(voi)	abbiate	siate	andate	date	dite	fate	state	venite
(Lei)	abbia	sia	vada	dia	dica	faccia	stia	venga
(Loro)	abbiano	siano	vadano	diano	dicano	facciano	stiano	vengano

~ Negative form

The negative **tu** form is expressed with **non** + infinitive.
Non andare via! Don't go away!

The negative **voi**, **Lei** and **Loro** forms are the same as the positive preceded by **non**.
Non vada via.
Non andate via.
Non vadano via.

Esercizi di grammatica

Locations

1 Complete the text with the correct words from the box. The remaining words will give the answer to the question at the end of the text.

dell'	alla	di	casa	nel	a	dell'	scuola	alla	lì	
	Marco	al	in	al	alla	di fronte				

Marco è _____ fermata _____ autobus, vicino alla stazione Termini di Roma e deve andare a studiare _____ biblioteca. La biblioteca non è lontana, deve prendere l'autobus numero 37 e scendere _____ terza fermata davanti _____ cinema Astra. _____ _____ cinema c'è un bar e Marco prende un caffè. _____ incontra Claudia, una vecchia compagna di _____ e fanno una passeggiata _____ parco. Le ore passano e hanno fame, così vanno a pranzo _____ mensa _____ università.

Dove vanno Marco e Claudia dopo pranzo? _____

Directions

2 Look at the map in section 2 and follow the instructions below. Start from 'You are here'. Where do you end up?

Vai sempre dritto, al primo semaforo gira a destra, poi prendi la prima a sinistra passando davanti al cinema, vai ancora dritto, continua fino all'incrocio e vai a sinistra, continua sempre dritto ed è lì in fondo alla strada tra la scuola e l'hotel.

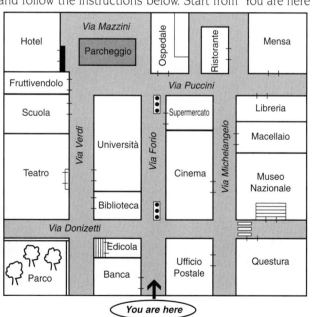

3 Write the directions again using the **Lei** form of the imperative.

4 Write the directions again using the **voi** form of the imperative.

Glossario

1

parcheggio	parking
cabina telefonica	telephone booth
tabaccaio	tobacconist
ospedale	hospital
scuola	school
ristorante	restaurant
chiesa	church
edicola	newspaper kiosk
farmacia	pharmacy
distributore	petrol station
ufficio postale	post office
albergo	hotel
dritto	straight on
a destra (di)	on the right (of)
a sinistra (di)	on the left (of)
accanto (a)/di fianco (a)	next (to)
di fronte (a)	opposite
prima (di)	before
dopo	after
incrocio	crossroads
strisce pedonali	zebra crossing
piazza	square
semaforo	traffic lights
angolo	corner

2

supermercato	supermarket
fruttivendolo	greengrocer

3

la prima strada a destra	the first turning on the right
la seconda a sinistra	the second on the left
libreria	bookshop

5

qui vicino	nearby

7

parco	park
da queste parti	nearby
è subito lì	it's right there
davanti a	in front of
dietro (a)	behind

10

complicato	complicated
prendere l'autobus	to take the bus
fermata	(bus) stop
biglietto	ticket
proprio lì	right there
scendere	to get off

12

biglietto di andata e ritorno	return ticket
viaggiare	to travel
supplemento	supplement
il prossimo treno	the next train
binario	platform

Esercizi di grammatica

vicino a	next to
lontano	far
incontrare	to meet
compagno/a di scuola	school mate
avere fame	to be hungry
passando davanti	going past
in fondo a	at the end of

Ancora un po' di pratica

l'offerta è dedicata	the offer is for
consiste	consists
sconto	discount
l'unica condizione	the only condition
insieme	together
acquistare	to buy
a bordo	on board
oltre 60 anni	over 60
avete superato i 12 anni?	are you over 12 years of age?

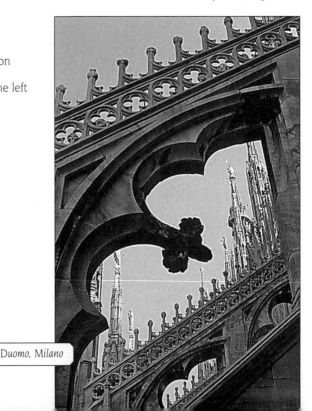

Duomo, Milano

Lavoro di coppia

1 Look at the map of Milan below and answer your partner's questions.

You are here

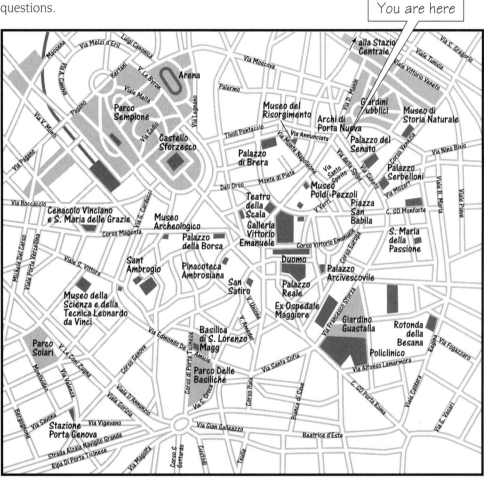

2 Ask your partner directions to get to the places below and trace the route on the map.

☐ Teatro della Scala
☐ Basilica di San Lorenzo
☐ Stazione Porta Genova
☐ Parco Sempione
☐ Policlinico

Lavoro di coppia

1 Ask your partner directions to get to the places below in Milan and trace the route on the map.

- ☐ Museo Archeologico
- ☐ Stazione Centrale
- ☐ Museo Leonardo da Vinci
- ☐ Duomo
- ☐ Giardini Pubblici

You are here

2 Look at the map and answer your partner's questions.

By the end of this unit you will be able to arrange a meeting, suggest something to do, accept and refuse invitations, and deal with telephone calls. You will also learn to describe somebody's personality and physical appearance.

1 **Copri il testo qui sotto, ascolta i dialoghi e prendi appunti in inglese/**
Cover the text below, listen to the dialogues and take notes in English.

	Suggestion	Accepts	Refuses
a	cinema	✓	
b	dinner at home		✓
c	drink	✓	
d	party		✓

a A Senti, perché non andiamo a vedere un film stasera?
   B Ma che bella idea! Io vorrei vedere 'La leggenda del pianista sull'oceano'.
   A Sì, per me va bene.
b A Ti va di venire a cena a casa mia domani sera?
   B No, mi dispiace, ho già un impegno …
c A Beviamo qualcosa?
   B Volentieri. Ho una sete!
d A Perché non facciamo una festa per il tuo compleanno?
   B Mmmmmhh … veramente non mi va. Odio le feste!

Making suggestions

ti/le/vi va di + infinitive
Ti va di andare a cena fuori? (informal)
Le va di andare a cena fuori? (formal)   Do you fancy going out for dinner?
Vi va di andare a cena fuori? (two or more people)

(Perché non) + 'we' question form
Perché non mangiamo in giardino? Why don't we have lunch out in the garden?
Prendiamo un caffè? Shall we have a coffee?

Accepting
Sì, volentieri. Yes, with pleasure
Va bene. O.K.
Perché no? Why not?
D'accordo. Alright.

Refusing
No, mi dispiace, ma … I'm afraid …
Veramente … Actually …
No, non mi va. No, I don't feel like it.

8 Ti va di ...?

2 **Scrivi delle frasi proponendo a un amico/un'amica di fare queste cose. Segui l'esempio**/Write sentences making the following suggestions to a friend. Follow the model below.

mangiare una pizza
Perché non mangiamo una pizza?
Ti va di mangiare una pizza?
Mangiamo una pizza?

a perché non beviamo un caffè
Ti va di beviare un caffè

a bere un caffè

b fare una partita di tennis
Ti va di fare una partida

c andare in piscina   *Andiamo in piscina*

d giocare a calcio   *Perché non giocamo*

3 **Ascolta il dialogo e scrivi in inglese che cosa propone Luciana**/ Listen to the dialogue and take notes in English about Luciana's suggestions.

a _Cena afuori_

b _Marco_

c _birra in centro_

d _Film in Cinema_

4 **Riascolta e scrivi in inglese se Silvia accetta o rifiuta e perché**/ Listen again and write down in English whether Silvia accepts or refuses and why.

	Accepts	Refuses	Why
a		✓	diet
b		✓	doesn't like Marco
c		✓	don't like beer
d		✓	

Al mare

5 Scrivi una lista di cinque cose che vuoi fare questo fine settimana. Poi proponile al tuo/alla tua partner, che deve accettare o rifiutare/Make a list of five ideas for the weekend and suggest them to your partner, who will either accept or refuse.

6 **a Completa il dialogo con le parole del riquadro**/Complete the dialogue with the words in the box below.

perché	sono	impegni	scusa	bene	alle	vediamo	non
			d'accordo	va			

Mario	Pronto?
Lisa	Pronto, Piero?
Mario	No, _Sono_ Mario, come va?
Lisa	Mario?!?
Mario	Sì, Mario Mautone …
Lisa	Mario! _Scusa_, ma è da tanto che non ci sentiamo!
Mario	Come stai?
Lisa	Io bene, grazie. E tu?
Mario	Abbastanza bene. Senti, _Perché_ non ci vediamo così ti racconto tutte le novità?
Lisa	Sì, certo, quando ci _vediamo_?
Mario	Be', domani sera non ho ancora _impegni_.
Lisa	Domani va bene.
Mario	Che facciamo?
Lisa	Ti _va_ di andare a cena fuori?
Mario	Dove andiamo? … No, aspetta … perché _non_ vieni a cena da me?
Lisa	OK, _d'accordo_. A che ora ci vediamo?
Mario	Facciamo _alle_ otto?
Lisa	Meglio alle otto e mezza. Finisco di lavorare tardi.
Mario	Va _bene_. Allora ti aspetto alle otto e mezza.
Lisa	A domani, allora. Ciao!

b Ascolta e verifica/Listen and check if you were right.

7 **Rileggi il dialogo e scrivi le domande usate per finalizzare un appuntamento**/Read the dialogue again and write down the questions used to finalise the date.

When: _A che ora ci vediamo?_

Where: _Dove andiamo?_

At what time: _Facciamo alle otto?_

8 **Ascolta le telefonate e sottolinea le espressioni usate per rispondere al telefono, per chiedere di qualcuno e per identificarsi**/Listen to the telephone calls and underline the phrases used to answer the phone, to ask to speak to someone, and to identify oneself.

a A Pronto?
B <u>Buonasera</u>. C'è Marco?
A Chi parla?
B Sono Mario.
A Un attimo, lo chiamo.

b A Sì?
B Posso parlare con Giuliana?
A Mi dispiace, Giuliana è uscita.
B Quando ritorna?
A Veramente, non lo so.
B Posso lasciare un messaggio?
A Sì, certo.

c A Banco San Paolo, buongiorno.
B Buongiorno. Vorrei parlare con il dottor Mancini.

A Mi dispiace, in questo momento è occupato. Vuole lasciare un messaggio?
B No, grazie, richiamo dopo.

d A Pronto?
B Laura? Sei tu?
A Come, scusi?
B Non è il 41 33 19?
A No, ha sbagliato numero.
B Oh, scusi.

e A Pronto?
B Ciao, Luigi. Sono Mara.
A Pronto?!?
B Luigi?!?! Sono io, Mara ... Mi senti?
A Non sento niente ...

<u>Dealing with telephone calls</u>

Answering the phone: **Pronto?/Sì?**/Name of company ... + **buongiorno/buonasera**
Asking to speak to somebody: **C'è ... ?/Posso parlare con ... ?/Vorrei parlare con ...**
Identifying oneself on the phone: **Sono** + name.
Checking you have dialled the correct number: **Non è il ...+** number ?
Pointing out that it is the wrong number: **Ha sbagliato numero.**
Asking if you can leave a message: **Posso lasciare un messaggio?**
Asking if the caller wants to leave a message: **Vuole/Vuoi lasciare un messaggio?**

---

9 **Lavorate in coppia e fate la seguente telefonata**/Work in pairs and make the following telephone call.

A You are Gianni and you want to speak with Luisa.
B You are Luisa's boyfriend. Luisa has gone out.
A Leave a message for Luisa: you are giving a party at your place on Sunday and you would like her to come at about 8 or 9 o'clock.
B You take the message.

Facciamo una festa domingo. Puo andare alla otto o alla nove

10 Che tipo è? Guarda le persone e leggi la loro descrizione fisica/
Look at the people and read their physical description.

a È alta, ha i capelli corti, neri e ricci. Porta gli occhiali e un paio di orecchini.

b È bassa, ha i capelli neri, lunghi e lisci. Ha gli occhi scuri. È grassottella.

c È alto, magro, ha i capelli biondi, corti e ondulati. Ha gli occhi chiari. Porta gli occhiali da sole.

d È basso, porta la coda e un orecchino.

 11 a Ascolta il dialogo. Poi decidi se le affermazioni qui sotto sono vere o false, spiegando perché/Listen to the phone call and decide whether the statements below are true or false and say why.

	True	False
1 Licia and Kevin want to exchange language conversation lessons.	✓	
2 Kevin has lived in Italy for two years.		✓
3 They arrange to meet the following week at five o'clock.		✓
4 Licia has a tattoo.		✓

 b Riascolta e verifica con il testo del dialogo nella pagina seguente/Listen again and look at the text on the following page to check if you were right.

 c Ora sottolinea tutte le parole nel testo che riguardano la descrizione fisica di Licia e Kevin. Consulta il glossario se necessario/Now underline all the words in the text concerning the physical description of Licia and Kevin. Use the glossary if necessary.

Kevin Pronto?

Licia Sì?

Kevin Chiamo per lo scambio di conversazione. C'è Licia?

Licia Sì, sono io. Chi parla?

Kevin Ciao. Mi chiamo Kevin. Studio l'italiano da due anni e vorrei fare pratica di conversazione.

Licia Ah, bene! Io invece studio l'inglese, ma non lo parlo molto bene ...

Kevin Capisco ... Allora, quando vogliamo cominciare?

Licia Anche domani. Io sono libera dopo le 4.

Kevin Io finisco le lezioni alle 4.30 ...

Licia Allora, perché non ci vediamo alle 5 al bar di fronte alla biblioteca?

Kevin Sì, perfetto. Senti, come facciamo a riconoscerci?

Licia Beh, io sono alta, ho i capelli corti, lisci e bondi e porto gli occhiali.

Kevin Io invece sono abbastanza basso ... sono magro, ho la barba e i baffi, sono bruno, ho i capelli ricci e lunghi e porto un orecchino al naso.

Licia Mamma mia! E hai anche un tatuaggio?

Kevin Sì, però non si vede ...

Licia Ah, bene! Non vedo l'ora d'incontrarti ...

Kevin Bene, Licia. Allora, a domani.

Licia Ciao, Kevin.

12 Ora guarda le figure e descrivi Licia e Kevin/Now look at the pictures and describe Licia and Kevin.

Licia è alta.

ha capelli biondi
porta gli occhiali.

Kevin è basso.

ha la barba bruno
ha la capelli lunghi
porta un orecchino al naso

13 a **Chi è Francesco? Leggi il messaggio di Luca e decidi chi è suo zio**/Read the message below and decide which of these people is Luca's uncle.

> Puoi andare a prendere mio zio alla stazione, per cortesia?
> Questa è la sua descrizione: non è molto alto e porta un paio di pantaloni scuri. Non ha la barba, ma ha i capelli ricci. È troppo vanitoso per portare gli occhiali. Si chiama Francesco.
> Grazie mille, sei un vero amico.
> Luca

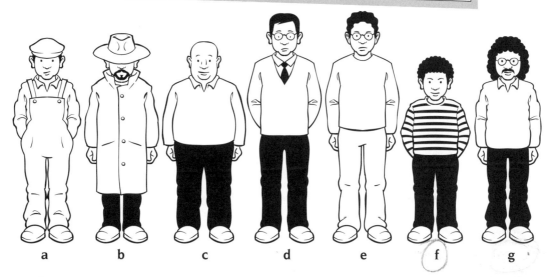

a   b   c   d   e   f   g

 b **Ora scrivi la descrizione (1) degli altri personaggi qui sopra (2) delle persone nelle foto qui sotto**/Now write the description of all (1) the other people above (2) the people in the photos below.

14 **a Con l'aiuto del glossario, leggi la lettera di Marco e scrivi i nomi sotto ciascuna persona**/With the help of the glossary, read Marco's email and write the name under each person.

A: F.pirlo@libero.it
Oggetto: Ecco i nuovi amici

Perugia, 25 novembre
Cara Fiorella,
ti mando la foto del mio compleanno. Questi sono i miei nuovi amici qui all'università. Quello al centro con il cappello sono io, naturalmente. La ragazza grassottella, bionda, con gli occhiali e i capelli lunghi lisci si chiama Paola ed è molto simpatica e spiritosa. A volte, la trovo un po' pettegola, a dirti il vero. Il ragazzo con il bicchiere in mano, alto e magro, è Robert, uno studente francese che è in classe con Paola. È un po' antipatico perché è troppo arrogante, dice Paola, però è molto dinamico e sportivo. Vicino a lui c'è Marlene, la ragazza con la coda di cavallo, che studia ingegneria elettronica ed è un genio. È davvero intelligente, sai, anche se è un po' secchiona. È di Londra e parla l'italiano perfettamente. Poi, quello calvo, robusto, a destra, si chiama Luigi. È molto gentile e altruista, ma è un po' timido. Qui all'università è il mio migliore amico.
Quando vieni a trovarmi così te li presento?
Baci.   Marco

a _Marlene_   b _Robert_   c _Marco_   d _Paola_   e _Luigi_

b Rileggi il testo e fai una lista di tutti gli aggettivi relativi alla personalità/Read again and make a list of all the adjectives describing personality.

simpatica ... spiritosa arrogante dinamico sportivo

c Abbina i seguenti aggettivi relativi alla personalità ai loro contrari/Match the following adjectives to their opposite.

a simpatico   1 estroverso
b spiritoso   2 antipatico
c arrogante   3 scortese
d intelligente   4 egoista
e gentile   5 modesto
f altruista   6 serio
g timido   7 stupido

d Ora descrivi la tua personalità al tuo/alla tua partner/Now describe your personality to your partner.

Extra!

15 **Leggi l'articolo e riempi la scheda qui sotto**/Read the article and fill in the table.

Livorno

Livorno è una delle città nel sud della Toscana, regione che si trova nell'Italia Centrale. È un porto industriale del Mar Tirreno e conta circa 170.000 abitanti che si chiamano livornesi. Livorno è famosa per i suoi canali che la fanno assomigliare un po' a Venezia, al punto tale che uno dei quartieri della città si chiama, appunto, 'Venezia'. Nel Rinascimento era considerata 'città ideale' ed oggi, al turista interessato alla sua storia e alla sua architettura, presenta numerosi palazzi, chiese e monumenti di particolare bellezza, e una piazza, Piazza della Repubblica. Livorno è anche famosa per il suo ghetto ebraico (di nuovo, proprio come Venezia!) e per essere stata la città natale del famoso compositore Pietro Mascagni (1863-1945), autore, peraltro, della rinomata 'Cavalleria Rusticana'. A Livorno è nato anche, negli anni venti, il Partito Comunista Italiano che è stato il più grande e prestigioso partito comunista dell'Europa Occidentale. A tutt'oggi, Livorno resta una delle città politicamente più a sinistra d'Italia. L'isola d'Elba è facilmente raggiungibile in traghetto da questa interessante città toscana.

Città: *Livorno*
Regione: _____
Posizione geografica: _____
Popolazione: _____
Famosa per: a _____
  b _____
  c _____
Luoghi da visitare: _____
Gite: _____

16 **Scegli una città che conosci e prepara una scheda simile, poi da' al tuo/alla tua partner le informazioni relative**/Choose a town you know and prepare a similar table, then tell your partner about it.

17 **Scrivi una lettera a un amico/un'amica invitandolo/a a venire con te in vacanza. Non dimenticare di spiegare i motivi per aver scelto quella meta**/Write a letter to a friend inviting him/her to come on holiday with you. Remember to tell him/her why you have chosen this particular location.

Grammatica

~ Direct object pronouns

- Direct object pronouns take the place of the direct object. The direct object answers the implied question 'who?' or 'what?'

  For example:
  Ogni giorno compro il giornale.   Every day I buy the newspaper.
  Il giornale is the direct object. What do I buy every day? **Il giornale.**

  Lo compro ogni giorno.   I buy it every day.
  Lo stands for **il giornale** and is a direct object pronoun.

- The direct object pronouns are:

Singular		Plural	
mi	me	**ci**	us
ti	you (informal)	**vi**	you (informal)
La	you (formal)	**Li** (m), **Le** (f)	you (formal)
lo	him, it	**li** (m)	them
la	her, it	**le** (f)	them

- Unlike English, direct object pronouns come before the verb.
  <u>**Lo**</u> **compro ogni giorno.**   I buy it every day.

- The direct object pronouns **lo** and **la** are frequently elided before verbs starting with a vowel or with an 'h'.
  Ascolti mai la radio?   Do you ever listen to the radio?
  Sì, l'ascolto sempre.   Yes, I always listen to it.

~ Verbs taking a direct object

The following are some of the most common verbs used with a preposition in English that take a direct object in Italian.

ascoltare qualcuno/qualcosa	to listen *to* somebody/something
aspettare qualcuno/qualcosa	to wait *for* somebody/something
cercare qualcuno/qualcosa	to look *for* somebody/something
chiedere qualcosa	to ask *for* something
guardare qualcuno/qualcosa	to look *at* somebody/something
pagare qualcosa	to pay *for* something

Grammatica

~ Indirect object pronouns

- Indirect object pronouns take the place of the indirect object. The indirect object answers the implied questions 'to whom?' or 'for whom?'

  Che cosa regali a Carla per Natale?   What will you give Carla for Christmas?

  Le regalo un CD.   I will give her a CD.

  a Carla is the indirect object; **le** stands for **a Carla** and is the indirect object pronoun.

- The indirect object pronouns are:

Singular		Plural	
mi	to me	**ci**	to us
ti	to you (informal)	**vi**	to you (informal)
Le	to you (formal)	**Loro**	to you (formal)
gli	to him	**gli/loro**	to them (f/m)
le	to her		

  Note that **gli** (third person plural) is used more often than **loro**, especially in speech.

- Unlike English, the indirect object pronouns come before the verb except for **loro**.

  <u>**Le**</u> **scrivo ogni settimana.**   I write to her every week.

  Scrivo <u>**loro**</u> **ogni domenica.**   I write to them every Sunday.

- The indirect object pronouns are never elided.

  <u>**Vi**</u> **insegno l'italiano.**   I teach you (pl) Italian.

Procida, nella Baia di Napoli

Esercizi di grammatica

Direct object pronouns

1 Fill in the gaps with the correct pronouns.

a Quando incontri Paolo? – _____ incontro domani alle 5.
b Conosci Lisa e Anna? – Sì, certo. _____ conosco da anni.
c Compri spesso CD di musica classica? – No, non _____ compro mai.
d Adoro leggere libri d'avventura. E tu? – Io no, non _____ leggo mai.
e Bevi un caffè? – No, non _____ bevo mai. Sono troppo nervosa.
f Vuoi l'antipasto? – Sì, _____ dividiamo?

Indirect object pronouns

2 Fill in the gaps with the correct pronouns.

a Ragazzi, _____ posso offrire qualcosa?
b Signora Altani, _____ posso portare la valigia?
c Che cosa regali ai tuoi genitori? – _____ regalo un televisore nuovo.
d Cari amici, _____ comunico che il mese prossimo mi sposo.
e Mia sorella non studia mai ed io spesso _____ consiglio di lasciare l'università.
f Ragazzi, _____ telefono appena possibile.

Direct or indirect object pronouns?

3 Fill in the gaps in the passage below.

George è uno studente gallese che lavora part-time in un ufficio di grafica. Il lavoro è molto interessante anche se stressante. La direttrice _____ chiama continuamente e _____ dà sempre nuovi incarichi. Tutti i giorni George _____ prepara un resoconto del lavoro svolto e spesso _____ accompagna alle conferenze internazionali di grafica. La direttrice _____ promette ogni giorno un aumento di stipendio, però George non _____ crede e pensa di cercare un altro lavoro meno impegnativo per avere il tempo di studiare.

Physical description

4 Describe these people as in the example:

Maria (bassa – grassottella – capelli lunghi – occhi verdi – simpatica)
Maria è bassa e grassottella, ha i capelli lunghi e gli occhi verdi. È simpatica.

a Paolo (alto – robusto – capelli ricci corti – occhi neri – timido – pigro)
b Mia madre (bassa – magra – occhiali – capelli biondi – dolce – allegra)
c Marco e Luigi (gemelli – alti – baffi – barba – capelli rossi – lentiggini – intelligenti – spiritosi)
d Jill e Helen (gemelle – snelle – di media statura – occhiali – eleganti – ambiziose)
e Il nonno di Sunil (anziano – calvo – barba lunga grigia – alto – robusto – dinamico – giovanile)

Glossario

1

la leggenda	legend
il/la pianista	pianist
l'oceano	ocean
l'impegno	commitment
avere sete	to be thirsty
il compleanno	birthday

2

la partita	game

3

essere a dieta	to be on a diet
anzi	on the contrary
astemio/a	teetotaller
che noia!	how boring!
incontentabile	difficult to please

6

raccontare	to tell
la novità	the latest
aspettare	to wait
facciamo alle 8	let's say at 8 o'clock

8

un attimo	just a moment
occupato/a	busy
richiamare	to call back
pronto?	hello?
sentire	to hear
sbagliare	to make a mistake

10

ondulato	wavy
occhi	eyes
chiaro	light
scuro	dark

11

lo scambio	exchange
libero/a	free
fare pratica	to practise
riconoscersi	to recognise each other
l'orecchino	earring
il naso	nose
il tatuaggio	tattoo
alto/a	tall
basso/a	short
portare	to have/to wear
barba	a beard
i baffi (pl)	a moustache
magro/a	thin
i capelli (pl)	hair

riccio/a	curly
liscio/a	straight
lungo/a	long
corto/a	short
biondo/a	blond
bruno/a	brown/dark
gli occhiali	spectacles

13

paio	pair
pantaloni	trousers
vanitoso	vain/conceited
troppo	too/too much

14

il cappello	hat
grassottello/a	chubby
simpatico/a	nice
antipatico/a	unpleasant
arrogante	arrogant
la coda di cavallo	pony-tail
il genio	genius
davvero	really
intelligente	intelligent
un/a secchione/a	a swot
calvo/a	bold
robusto/a	robust/sturdy
altruista	selfless
gentile	kind
timido/a	shy
il migliore	the best
spiritoso	witty
pettegolo	a gossip
dinamico	dynamic
sportivo	sporty

15

sud	south
regione	region
porto	port
assomigliare	to look like
Rinascimento	Renaissance
quartiere	district
ebraico	Jewish
città natale	home town
compositore	composer
rinomato	renowned
partito	political party
isola	island
traghetto	ferryboat
luogo	place
gita	excursion

Glossario

Esercizi di grammatica		**Ancora un po' di pratica**	
stressante	stressful	prossimo/a	next
l'incarico	task	fammi sapere	let me know
il resoconto	report	il matrimonio	marriage
promettere	to promise	il rapporto	relationship
l'aumento	increase	sano/a	healthy/sound
lo stipendio	salary	il principio	principle
impegnativo/a	demanding	annoiato/a	bored
verde	green	la/il vedova/o	widow/widower
castano/a	brown	la casalinga	housewife
dolce	sweet	professionista	professional
allegro/a	cheerful	riservato/a	reserved
rosso/a	red	pari requisiti	same requirements
gemello/a	twin	scopo amicizia	with view to friendship
le lentiggini	freckles	straniero/a	foreign
spiritoso/a	witty	il cuore	heart
snello/a	slim	la bontà	goodness
di media statura	of medium height	impiegato/a	white collar worker
elegante	elegant	stabile	stable
ambizioso/a	ambitious	perditempo	time waster
anziano/a	elderly	la fedeltà	faithfulness
grigio/a	grey	la lealtà	loyalty
dinamico/a	dynamic	soddisfare	to satisfy
giovanile	youthful	reciproco/a	reciprocal
		subito	immediately
		fermoposta	PO Box
		il cellulare	mobile phone
		la coppia	couple

Paestum, a sud di Napoli

Lavoro di coppia

1 You would like to go out with one of your classmates next week. Fill in your diary below with your commitments, then make arrangements with him/her.

	lunedì	martedì	mercoledì	giovedì	venerdì	sabato	domenica
8–10	lezione di chimica						
10–12							
12–14							
14–16							
16–18							
18–20							
20–22							
22–24							

2 Game **Chi è?** Choose one of the people below and answer your partner's questions. You are only allowed to answer **Sì** or **No**.

Now, swap roles. Try and guess which of the above people your partner has chosen by asking questions that require a **Sì** or **No** answer.

È giovane? È una donna? Ha i capelli ricci?

Lavoro di coppia

1   You would like to go out with one of your classmates next week. Fill in your diary below with your commitments, then make arrangements with him/her.

	lunedì	martedì	mercoledì	giovedì	venerdì	sabato	domenica
8–10							
10–12	piscina						
12–14							
14–16							
16–18							
18–20							
20–22							
22–24							

2   Game **Chi è?** Try and guess which of the people below your partner has chosen by asking questions that require a **Sì** or **No** answer.

È giovane? Ha i capelli lunghi? È un uomo?

Now, swap roles. Choose one of the people above and answer partner A's questions. You are only allowed to answer **Sì** or **No**.

Cosa hai fatto ieri?

9

By the end of this unit you will be able to talk about past events, and ask and answer questions using the past tense.

 1 **Che cosa hanno fatto sabato scorso? Abbina le frasi alle illustrazioni**/What did they do last Saturday? Match the sentences to the pictures.

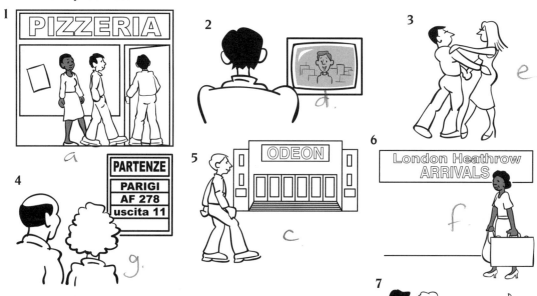

- **a** Maria ha mangiato una pizza con i suoi amici.
- **b** Lucia e Marika sono uscite e hanno incontrato i loro amici.
- **c** Mauro è andato al cinema.
- **d** Dario ha guardato la TV.
- **e** Carmela e Giulio hanno ballato il tango tutta la sera.
- **f** Anna è arrivata a Londra.
- **g** I miei genitori sono partiti per Parigi.

grammatica

Passato prossimo/Perfect tense
auxiliary verbs (**essere/avere**) + past participle

Maria ha mangiato una pizza.	Maria ate a pizza.
Mauro ha mangiato una pizza.	Mauro ate a pizza.
Mauro e Maria hanno mangiato una pizza.	Mauro and Maria ate a pizza.
Mauro è andato al cinema.	Mauro went to the cinema.
Maria è andata al cinema.	Maria went to the cinema.
Ugo e Lisa sono andati al cinema.	Ugo and Lisa went to the cinema.
Maria e Lisa sono andate al cinema.	Maria and Lisa went to the cinema.

9 Cosa hai fatto ieri?

2 Ora dividi i verbi al passato prossimo dell'esercizio 1 nelle due categorie date qui sotto/Now list the verbs in the past tense in section 1 into the two categories given below.

Verbs with **avere** (**ha, hanno**)
ha mangiato   ballato
     guardato
     incontrato

Verbs with **essere** (**è, sono**)
è andato   arrivata
     uscite   partito

3 a Cosa hai fatto ieri? Lavora con un/una partner. Usate *ho* o *sono* per completare le frasi/What did you do yesterday? Work with a partner. Use ho or sono to complete the sentences.

a _ho_ mangiato un gelato.

b _Sono_ uscita di casa alle dieci.

c _ho_ incontrato Gianni al bar.

d _ho_ ballato la salsa con Giorgia.

e _Sono_ arrivata all'università in ritardo.

b Ascolta e controlla/Listen and check.

4 Qual è la regola dell'uso di *essere e avere*? Discutine con un/una partner e poi controlla nel riquadro qui sotto/What is the rule for using **essere** and **avere**? Discuss with a partner and then check below.

grammatica

Use of **essere** and **avere**

what?	**Ho preparato** <u>la cena</u>.
who?	**Ho incontrato** <u>Gianni</u>.
where?	**Sono andato** <u>al cinema.</u>
	Sono arrivata* <u>all'università</u> in ritardo.

When a sentence is a response to a 'where' question, the auxiliary verb is always **essere**. Otherwise it is **avere**.

*When you have the auxiliary verb **essere** the past participle (**arrivato, andato**) always agrees with the subject. See the Grammar section for a full explanation.

5 **Trova l'infinito di questi verbi al passato prossimo**/Find the infinitive of these verbs.

Passato prossimo	Infinito
ho ascoltato	ascoltare
ho ballato	ballare
ho finito	finire
ho tenuto	tenere
ho dormito	dormire
ho avuto	avere
sono partito	partire
sono caduto	cadere — to fall
ho venduto	vendire
sono uscito	uscire

6 **Guarda i verbi dell'esercizio 5 e trova la regola per la formazione del participio passato**/Look at the verbs in section 5 and work out how the past participle is formed. Then check the rule on the Grammar page.

7 **Completa i dialoghi con i participi passati nel riquadro qui sotto, poi ascolta e controlla**/Fill in each gap with a past participle from the box below. Then listen to the recording and check your answers.

fall asleep.

stati	fatto	addormentata	venute	stata	mangiato	andato
	finito	tornata	andati			

a A Dove siete ___Stati___ in vacanza?
   B Io sono ___Stata___ una settimana al mare, Lucio invece è ___andato___ in montagna e poi siamo ___andati___ insieme a Parigi.

b A Luisa, cosa hai ___fatto___ ieri sera?
   B Ho ___finito___ di lavorare tardi, poi sono ___tornata___ a casa stanchissima, ho ___mangiato___ un panino, e mi sono ___addormentata___ davanti alla televisione.

c A Sai che Maria e Anna sono ___venute___ a trovarmi?
   B Ah sì, come stanno?

grammatica

Il passato prossimo

	cant<u>are</u> to sing	**vend<u>ere</u>** to sell	**dorm<u>ire</u>** to sleep
ho	cant<u>ato</u>	vend<u>uto</u>	dorm<u>ito</u>
hai	cant<u>ato</u>	vend<u>uto</u>	dorm<u>ito</u>
ha	cant<u>ato</u>	vend<u>uto</u>	dorm<u>ito</u>
abbiamo	cant<u>ato</u>	vend<u>uto</u>	dorm<u>ito</u>
avete	cant<u>ato</u>	vend<u>uto</u>	dorm<u>ito</u>
hanno	cant<u>ato</u>	vend<u>uto</u>	dorm<u>ito</u>

	and<u>are</u> to go	**cad<u>ere</u>** to fall	**part<u>ire</u>** to leave
sono	and<u>ato/a</u>	cad<u>uto/a</u>	part<u>ito/a</u>
sei	and<u>ato/a</u>	cad<u>uto/a</u>	part<u>ito/a</u>
è	and<u>ato/a</u>	cad<u>uto/a</u>	part<u>ito/a</u>
siamo	and<u>ati/e</u>	cad<u>uti/e</u>	part<u>iti/e</u>
siete	and<u>ati/e</u>	cad<u>uti/e</u>	part<u>iti/e</u>
sono	and<u>ati/e</u>	cad<u>uti/e</u>	part<u>iti/e</u>

Verbi riflessivi / Reflexive verbs

		alz<u>arsi</u> to get up
mi	sono	alz<u>ato/a</u>
ti	sei	alz<u>ato/a</u>
si	è	alz<u>ato/a</u>
ci	siamo	alz<u>ati/e</u>
vi	siete	alz<u>ati/e</u>
si	sono	alz<u>ati/e</u>

Verbi irregolari / Verbs with an irregular past participle

essere	**sono**	**stato**	dire	**ho**	**detto**
scrivere	**ho**	**scritto**	morire	**sono**	**morto**
leggere	**ho**	**letto**	chiedere	**ho**	**chiesto**
nascere	**sono**	**nato**	fare	**ho**	**fatto**
vedere	**ho**	**visto**	prendere	**ho**	**preso**

8 **Ascolta le interviste e completa**/Listen to how some students at the University of Bologna spent their weekend and fill in the gaps.

a. _Sono stato_ a casa a studiare.

b. _Sono andata_ a ballare, _ho ballato_ fino alle 5 del mattino.

c. _Ho fatto_ una festa, _sono venuti_ tutti i miei amici, Ci _siamo divertiti_ un sacco.

d. _Sono venuti_ due amici da Londra, _abbiamo fatto_ un giro in città e _siamo andati_ al Museo Nazionale.

e. _Ho avuto_ l'influenza, _sono rimasto_ a letto per due giorni e non _mi sono alzato_ neanche per mangiare.

Sono stata a casa
ho fatto lavoro

9 **Racconta al tuo compagno cosa hai fatto**/Tell your partner what you did on:

Sono andata in piscina

venerdì sera   sabato mattina   domenica mattina/pomeriggio/sera

Venerdì sera sono andata in palestra.

Siamo andati al ristorante

10 **Scrivi cosa ha fatto il tuo compagno lo scorso fine settimana**/
Write down what your partner did last weekend.

Domenica pomeriggio è andato/andata allo stadio.

in	biblioteca	**a**	teatro	**all'**	università	**da**	Giulia
	discoteca		casa		ufficio postale		me
	libreria		scuola	**alla**	mensa		te
	pizzeria	**al**	mercato		mostra	**dal**	medico
	piscina		bar	**allo**	stadio		parrucchiere
	palestra		ristorante				
	farmacia		mare				

11 **Fa' corrispondere l'espressione italiana con quella inglese. Poi controlla le risposte nel glossario**/Match the English with the Italian. Then check your answers in the glossary.

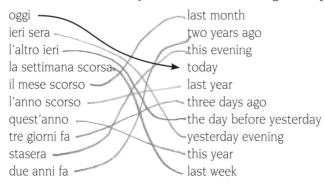

oggi — last month
ieri sera — two years ago
l'altro ieri — this evening
la settimana scorsa — today
il mese scorso — last year
l'anno scorso — three days ago
quest'anno — the day before yesterday
tre giorni fa — yesterday evening
stasera — this year
due anni fa — last week

12 **Chiedi al tuo/alla tua partner quando ha fatto queste cose**/Ask your partner when s/he last did these things.

mangiare una pizza to eat a pizza
A *Quando è stata l'ultima volta che hai mangiato una pizza?*
B *L'anno scorso a Napoli.*

baciare qualcuno to kiss someone
avere un incubo to have a nightmare
fare una festa to have a party
vedere un bel film to see a nice film
corteggiare qualcuno to court someone
ubriacarsi to get drunk

litigare con qualcuno to argue with someone
avere paura to be afraid
conoscere una persona interessante to meet someone interesting
scrivere una poesia to write poetry

13 **Ascolta il dialogo e completa le agende di Giulia e Dario**/Listen to the dialogue and complete Giulia and Dario's diaries.

Giulia		Dario	
8.00	_____ università	8.00	_____
9.00	_____ cafe con A+F	9.00	_____ mercato
10.00	_____ medico	10.00	_____ lezione.
	_____	11.00	_____ libreria
12.00	_____ biblioteca	12.00	_____ Ricardo
	_____ studiare.	13.00	_____ praza.
14.00	_____ Giovanni	14.00	_____
15.00	_____ palestra		_____ piscina
16.00	_____ ospedale	16.00	_____ Stefano
17.00	_____ casa	17.00	_____
18.00	_____ parrucchiere	18.00	_____ cinema

14 **Ascolta cosa dicono questi studenti che si dividono i lavori di casa e completa il dialogo con i pronomi**/Listen to a group of students discussing the rota for the weekly chores and fill in the gaps with the direct object pronouns.

Alessia	Allora come ci organizziamo per questa settimana? Chi fa la spesa?
Barbara	Io _____l'_____ ho fatta la settimana scorsa, ora tocca a te.
Carlo	E i piatti? Io _____li_____ ho lavati tutte le sere.
Dario	Va bene, _____li_____ lavo io, ma allora tu innaffi le piante, io _____le_____ ho innaffiate tutto il mese scorso.
Barbara	Va bene, _____le_____ innaffio io. E tu Alessia pulisci il bagno?
Alessia	No, mi dispiace, _____l'_____ ho pulito anche la settimana scorsa, ora tocca a te.

15 **Cosa hanno fatto la settimana scorsa? Trova le risposte giuste**/Who did what last week? Find the right answer.

il bagno — li ha lavati Carlo
la spesa — l'ha pulito Alessia
i piatti — le ha innaffiate Dario
le piante — l'ha fatta Barbara

grammatica

L'/Li/Le + passato prossimo

Io ho pulito il bagno.	L'ho pulito io.
Io ho fatto la spesa.	L'ho fatta io.
Io ho lavato i piatti.	Li ho lavati io.
Io ho innaffiato le piante.	Le ho innaffiate io.

Extra!

16 **Leggi la biografia di Massimo Troisi e rispondi alle domande**/Read Massimo Troisi's biography (written in the present tense) and answer the questions.

> Massimo Troisi <u>nasce</u>* a San Giorgio a Cremano il 19 febbraio 1953, ultimo di sei figli. <u>Comincia</u> a interessarsi al teatro a 15 anni quando ancora frequenta l'istituto tecnico per geometri. Il primo gruppo teatrale in cui <u>recita</u> si chiama I *Saraceni*. Nel '77 <u>nasce</u>* *La Smorfia* altro gruppo teatrale che lo <u>porta</u> al successo. Troisi, Arena, Decaro <u>inaugurano</u> un tipo di teatro che attinge alla farsa napoletana e al cabaret. In oltre dieci anni di attività teatrale, Il Trio <u>mette</u>* in scena una vasta gamma di scenette in cui <u>presentano</u> le caricature, abilmente costruite, dei più diversi tipi umani e sociali. Nel 1981 <u>esce</u> il primo film di Troisi, *Ricomincio da tre*, di cui è regista e protagonista, che <u>ha</u> una grande successo di pubblico e di critica. Dopo questo <u>dirige</u>* altri quattro film: *Scusate il ritardo* (1982), *Non ci resta che piangere* (1984), *Le vie del Signore sono finite* (1987), *Pensavo fosse Amore invece era un Calesse* (1991) e *Il Postino* tratto da un romanzo dello scrittore cileno Antonio Skarnata, il suo ultimo film. Una disfunzione cardiaca <u>segna</u> tutta la sua vita e <u>si aggrava</u> durante le riprese del film. Nelle scene più faticose <u>si fa</u>* sostituire da una controfigura e <u>riesce</u> a terminare il film che si conclude con la sua morte, sia nella finzione scenica che nella vita, per una tragica fatalità che accomuna vita e arte nei grandi interpreti.

*Verbs with an irregular past participle.

a When and where was Massimo Troisi born?
b What is *La Smorfia*?
c What film made him famous?
d What book is the film *Il Postino* based on?
e Why did he need an understudy for some of the scenes?

17 **Riscrivi la biografia di Massimo Troisi cambiando i verbi sottolineati al passato prossimo**/Now change the underlined verbs in MassimoTroisi's biography from the present into the past tense.

Siamo andati a cena fuori

Grammatica

~ Il passato prossimo

- This tense is used to relate actions completed in the past. It corresponds to the English past tense.

- This tense is also used to relate actions completed in a recent past which may have links to the present. In this case it corresponds to the English present perfect tense.

  È andato al parco means both: 'He went to the park' (an action which was completed in the past) and 'He has gone to the park' (an action which implies consequences in the present, i.e. you can find him there).

- It is a compound tense made up of the present tense form of **essere** or **avere** plus the past participle of the main verb.

- The past participle or **participio passato** of regular verbs is formed by adding the endings **-ato, -uto, -ito** to the stem.

infinitive	past participle
cant<u>are</u>	cant<u>ato</u>
vend<u>ere</u>	vend<u>uto</u>
part<u>ire</u>	part<u>ito</u>

- The auxiliary verb **avere** is used with transitive verbs, i.e. verbs taking a direct object. In this case the past participle does not agree with the subject.

Oggi ho mangiato la polenta.	Today I ate polenta.
Oggi abbiamo mangiato la polenta.	Today we ate polenta.

- The auxiliary verb **essere** is generally used with intransitive verbs, i.e. verbs that take an indirect object, and with reflexive verbs. In this case the past participle agrees with the subject.

Silvia è tornata in Spagna.	Silvia went back to Spain.
Marco è andato al cinema.	Marco went to the cinema.
Silvia e Lucia sono andate al mare.	Silvia and Lucia went to the seaside.
Marco e Giovanni sono partiti.	Marco and Giovanni left.
Mi sono divertita/o tanto.	I enjoyed myself a lot.
Ci siamo divertite/i tanto.	We enjoyed ourselves a lot.

- When a direct object pronoun (see Grammar, Unit 8) precedes the **passato prossimo**, the past participle always agrees with the direct object.

Hai fatto <u>la</u> spes<u>a</u>?	Have you done the shopping?
Sì, <u>l</u>'ho fatt<u>a</u>.	Yes, I have done it.
Hai comprato <u>i</u> fior<u>i</u>?	Did you buy the flowers?
No, non, <u>li</u> ho comprat<u>i</u>.	No, I didn't buy them.
Hai mai mangiato <u>le</u> fragol<u>e</u>?	Did you eat the strawberries?
Sì, <u>le</u> ho mangiat<u>e</u>.	Yes, I ate them.
Hai preparato <u>il</u> pranz<u>o</u>?	Have you prepared lunch?
Sì, <u>l</u>'ho preparat<u>o</u>.	Yes, I have prepared it.

Esercizi di grammatica

Essere or avere?

1 Complete with the appropriate form of **essere** or **avere**.

a (tu) _____ mai stato a Roma? – Sì, ci _____ stato due anni fa.

b Ieri (io) _____ andato in discoteca e _____ ballato tutta la notte.

c (voi) _____ visto l'ultimo film di Nanni Moretti? – Sì, ci è piaciuto tanto.

d Ieri Elisa e Silvia _____ tornate a casa molto tardi.

e (tu) _____ spedito il regalo a tua sorella? – No, (lei) _____ partita per Bath e non _____ ancora ricevuto l'indirizzo.

Past participles

2 Complete with the appropriate form of the past participle.

Caro Lino,
come stai? Sono appena (tornare) _____ da Manaus dopo un' estate interessante anche se dura. Manaus come sai si trova nell' Amazzonia ed è un posto incredibile. Ho (viaggiare) _____ con una ragazza conosciuta a Rio e durante il viaggio siamo (diventare) _____ grandi amiche. Abbiamo (prendere) _____ il pullman da Rio e abbiamo (attraversare) _____ l'interno del Brasile, ci sono volute 52 ore! Siamo (arrivare) _____ a Belem e da lì abbiamo (prendere) _____ un battello fino a Manaus. Abbiamo (dormire) _____ in amaca e abbiamo (mangiare) _____ malissimo. Ceri, la mia amica si è sentita male. Durante il giorno ci siamo (divertirsi) _____ molto, abbiamo (conoscere) _____ tutti i passeggeri, abbiamo (giocare) _____ a domino, (cantare) _____ , (ballare) _____ e (fare) _____ molte foto. Abbiamo (vedere) _____ molti uccelli esotici e anche i delfini d'acqua dolce, che meraviglia...
Ora ti devo lasciare, ti racconto il resto nella prossima lettera.
A presto,
    Mara

Passato prossimo

3 Complete the sentences with the **passato prossimo**.

a (tu/lavorare) _____ molto questa settimana? – Sì, (io/finire) _____ tutte le sere alle undici.

b Vi è piaciuta Londra? – Sì, ma (noi/stancarsi) _____ molto.

c Per Capodanno (noi/fare) _____ una festa, (noi/divertirsi) _____ un sacco.

d Ieri (io/giocare) _____ a tennis, (io/cadere) _____ e (io/rompersi) _____ un braccio.

Glossario

1

incontrare	to meet

7

addormentarsi	to fall asleep
venire a trovare	to visit

8

divertirsi	to have fun
fare un giro	to go around
influenza	flu
neanche	not even

11

oggi	today
ieri sera	yesterday evening
l'altro ieri	day before yesterday
la settimana scorsa	last week
il mese scorso	last month
l'anno scorso	last year
quest'anno	this year
tre giorni fa	three days ago
stasera	this evening
due anni fa	two years ago

13

parrucchiere	hairdresser

14

ora tocca a te	now it is your turn
lavare i piatti	to do the washing up
innaffiare le piante	to water the plants
pulire il bagno	to clean the bathroom
fare la spesa	to do the shopping

16

frequentare	to attend
recitare	to act
inaugurare	to initiate
mettere in scena	to stage
scenetta	sketch
caricatura	caricature
regista	director
protagonista	hero/main character
tratto da	taken from
romanzo	novel
disfunzione cardiaca	heart condition
controfigura	understudy

Esercizi di grammatica

spedire	to send
regalo	present
appena	just
si trova	is situated
posto	place
viaggiare	to travel
durante	during
diventare	to become
attraversare	to cross
ci sono volute …	it took …
battello	boat
amaca	hammock
sentirsi male	to feel sick
conoscere	to meet
passeggeri	passengers
cantare	to sing
uccelli	birds
delfini	dolphins
stancarsi	to get tired
Capodanno	New Year's Day
rompersi, rotto	to break, broken
braccio	arm
decorazioni natalizie	Christmas decorations
riparare	to repair
tetto	roof

Lavoro di coppia

nome d'arte	stage name
carriera	career
influenzare	to influence
incontro	meeting
evento	occasion
trasferirsi	to move
canzone	song
portare al successo	to make famous

Ancora un po' di pratica

all'estero	abroad
lingua straniera	foreign language
essere iscritto	to be enrolled
buona pagella	good marks
quadrimestre	term
borsa di studio	scholarship
sistema scolastico	school system
scuola superiore	secondary school
materia	subject

Lavoro di coppia

1 Complete the biography of this Italian singer by asking your partner the appropriate questions. Use the **passato prossimo** where necessary. Check the words you do not know in the glossary.

Qual è il suo nome d'arte?
Dov'è nato?

Nome:	Adelmo Fornaciari
Nome d'arte:	_____
Luogo di nascita:	_____
Data di nascita:	_____
Come e dove inizia la sua carriera:	_____
Musica che lo influenza:	_____
Incontro importante del 1986:	_____
Evento importante del 1987:	_____

2 Look at the biography below of the Italian singer Vasco Rossi, and answer your partner's questions. Use the glossary to check the words you do not know.

Nome:	**Vasco Rossi**
Luogo di nascita:	**Zocca (Modena)**
Data di nascita:	**23 marzo 1952**
Dove si trasferisce e quando:	**Bologna, 1971**
Primo lavoro:	**DJ per una radio privata**
Evento importante del 1983:	**Partecipa al Festival di San Remo**
Canzone che lo porta al successo:	**Vita spericolata** (*Living on the edge*).

Lavoro di coppia

1 Look at the biography below of the Italian singer Zucchero, and answer your partner's questions. Use the glossary to check the words you don't know.

Nome:	**Adelmo Fornaciari**
Nome d'arte:	**Zucchero**
Luogo di nascita:	**Reggio Emilia**
Data di nascita:	**27 giugno 1956**
Dove inizia la sua carriera:	**San Francisco**
Musica che lo influenza:	**Musica 'nera'**
Incontro importante del 1986:	**Joe Cocker**
Evento importante del 1987:	**Concerto con Joe Cocker**

2 Complete the biography of this Italian singer by asking your partner the appropriate questions. Use the **passato prossimo** where necessary. Check the words you don't know in the glossary.

Dov'è nato Vasco Rossi?

Nome:	*Vasco Rossi*
Luogo di nascita:	_____
Data di nascita:	_____
Dove si trasferisce e quando:	_____
Primo lavoro:	_____
Evento importante del 1983:	_____
Canzone che lo porta al successo:	_____

10 Alla ricerca di un lavoro

By the end of this unit you will be able to write a CV, to understand and reply to job adverts and talk about your past work experience. You will also learn to talk about your future plans and aspirations.

1 Abbina le parole, poi controlla le risposte nel glossario/Match the words, then check your answers in the glossary.

Esperto/Esperta	Permanent job
Lavoro fisso	CV
Lavoro stagionale	Wanted
Lavoro saltuario	Training
Cercasi	To shortlist
Selezionare	Temping job
Curriculum	Experienced
Tirocinio	Exempt from National Service
Militesente	Interview
Colloquio	Accommodation
Locale	Seasonal job
Alloggio	Entertainment venue (e.g. bar, disco)

2 Leggi gli annunci e rispondi alle domande/Read the job advertisements and answer the questions.

RISTORANTE-BIRRERIA a Monfalcone cerca urgentemente banconiera con esperienza. Lavoro fisso non stagionale. Chiuso domenica. Per informazioni. **Tel. 0339 5219787.**

EASY LONDON fast food, negozi, ristoranti, alberghi, opportunità lavoro a Londra e Brighton per giovani dell'Unione Europea. Alloggio/corsi lingua inglese. Mattino 9.30/12.30, pomeriggio 15/18.30. Annuncio sempre valido. **Tel. 040-635299 - 0347-0902481 - 03356699256.**

TI PIACEREBBE lavorare nel mondo dello spettacolo o delle vacanze? Telefonaci selezioniamo centinaia di nuove offerte ogni settimana. **Tel. 166.170.240.**

CERCASI INSEGNANTE inglese esperta per lezioni di gruppo. Scrivere a Cassetta 742 c/o Il Mercantino, via Gambini 3 - 34138 Trieste.

PER PROGETTO di tirocinio aziendale supermercati cercano giovani militesenti disponibili alle condizioni prescritte. Maggiori chiarimenti all'eventuale colloquio. Scrivere a Cassetta 746 c/o Il Mercantino, via Gambini 3 - 34138 Trieste.

a Which job/s offer/s accommodation?

b Which job/s require/s excellent knowledge of English?

c Which job/s require/s completion of or exemption from National Service?

d Which advert/s offer/s a permanent job?

e Which job/s would you apply for if you wanted to work in the field of entertainment?

3 **Ascolta la telefonata e compila la scheda in inglese**/Listen to the phone call and fill in the form below in English.

> Date of interview: _____
>
> Time: _____
>
> Address: _____
>
> Other requirements: _____

4 **Leggi questa lettera di risposta ad un annuncio di lavoro e completa il curriculum allegato**/Read the following letter written in response to a job advert and complete the CV attached.

> Carola Heisinger
> Via Cavour, 65
> 80132 Napoli
>
> Napoli 9/9/2008
>
> Spett.le Hotel Napoli t'amo
> Direzione del Personale
> Via Toledo, 148
> 80132 Napoli
>
> Preg.mi Signori,
>
> in riferimento al Vostro annuncio su "La Stampa" di oggi per un posto di accompagnatore turistico per la Vostra clientela tedesca, Vi offro la mia opera per il posto in questione.
> Ho 25 anni, sono italo-tedesca e sono nubile. Mi sono laureata in Scienze Turistiche presso l'università di Francoforte nel 2005 e in seguito ho svolto un tirocinio presso l'Hotel Tramonti di Amalfi. Qui lavoravo alla reception e mi occupavo delle prenotazioni. Non avevo molto tempo libero, però il lavoro era interessante. Poi, nel 2006 sono stata assunta dall'Hotel Vesuvio di Napoli come accompagnatrice turistica, impiego che sto per lasciare a causa di una riduzione del personale.
> Sono esperta nel settore del turismo di gruppo ed ho un'ottima conoscenza della città, della storia e dell'arte di Napoli. Sono bilingue ed ho un'ottima conoscenza dell'inglese e dello spagnolo.
> Accludo una copia del mio curriculum vitae. L'Hotel Tramonti Vi fornirà informazioni sulla mia serietà ed esperienza professionale.
>
> Vi saluto distintamente.
>
> Carola Heisinger.
> Allegato: curriculum vitae.

```
Curriculum vitae

Nome e cognome: ___Carola Heisinger_____

Stato civile*_____

Indirizzo: _____

Titolo di studio: _____

Lingue conosciute: _____

Professione attuale: _____

Altre esperienze di lavoro e mansioni: _____
_____
```

5 **Ora compila un tuo curriculum**/Now prepare your own CV under the headings below.

```
Nome e cognome: _____

Stato civile*_____

Indirizzo: _____

Titolo di studio:_____

Lingue conosciute: _____

Professione attuale: _____

Altre esperienze di lavoro e mansioni: _____
_____
```

*Choose from these terms:

nubile	single (for women)
celibe	single (for men)
coniugato/a	married
divorziato/a	divorced
vedovo/a	widower/widow

6 **Ascolta il colloquio di lavoro e compila la scheda in inglese**/Listen to the interview and fill in the candidate's profile in English.

Name:_____

Nationality: _____

Marital status: _____

Place of residence: _____

Academic qualifications:_____

Languages: _____

Professional experience and duties: _____

Present job: _____

7 **Riascolta e scrivi le domande**/Listen again and write down the interviewer's questions.

a _____

b _____

c _____

d _____

e _____

f _____

g _____

8 **Role play. Immagina di fare un colloquio di lavoro al tuo/alla tua partner e compila la scheda con le informazioni**/Pretend you are interviewing a candidate for a job and fill in the form.

Name: _____

Nationality: _____

Marital status: _____

Place of residence: _____

Academic qualifications: _____

Languages: _____

Professional experience and duties: _____

Present job: _____

9 a Leggi l'email qui sotto e per ciascuna frase scegli l'opzione giusta/Read the email below. Then decide which of the alternatives beneath most accurately reflect the situation.

A: giorgiotonelli@alice.it
Oggetto: Ancora disoccupata!

Caro Giorgio,

come va? Io sono di nuovo in crisi. Ho lasciato il lavoro. Sì, un'altra volta, ma ero stufa! Ti ricordi che lavoravo part-time per un'organizzazione ambientalista dove facevo un po' di tutto? Beh, indovina che cosa mi facevano fare. Non solo lavoravo tutti i giorni dalle 9 alle 5, ma il mio capo mi faceva fare anche gli straordinari. Inoltre, i miei colleghi erano antipatici e lavoravano molto meno di me. Il lavoro era impegnativo e non avevo più tempo libero per vedere i miei amici. Insomma, adesso sono libera e mi sento molto meglio. Il problema sono i soldi naturalmente, però spero di trovare subito un altro lavoro.

E tu? Insegni ancora? In passato anche tu facevi orari piuttosto pesanti e non eri soddisfatto della scuola dove lavoravi. Però avevi degli studenti simpatici, mi pare.

Bene, aspetto tue notizie.

Un abbraccio

Monica

---

1 Monica è **soddisfatta / insoddisfatta / innamorata** del suo lavoro.
2 Il capo di Monica è **un tiranno / un tipo simpatico / un uomo molto attraente**.
3 Il problema di Monica è **lavorare di meno / guadagnare di più / trovare un lavoro nuovo**.
4 Giorgio ha degli studenti **simpatici / pesanti / soddisfatti**.

 b Rileggi l'email e completa la tabella con le forme mancanti dell'imperfetto/Read again and complete the table below with the missing verb forms.

	essere	avere	lavorare	fare
io	_____	_____	_____	_____
tu	_____	_____	_____	_____
lui/lei/Lei	_____	aveva	lavorava	_____
noi	eravamo	avevamo	lavoravamo	facevamo
voi	eravate	avevate	lavoravate	facevate
loro	_____	avevano	_____	_____

grammatica

The Imperfect
The imperfect describes a situation in the past.

Il lavoro era impegnativo e non avevo tempo libero.
My job was demanding and I had no free time.

There is more on the imperfect in Unit 5 of Foundations Italian 2.

10 Racconta al tuo/alla tua partner com'era il tuo primo lavoro estivo. Usa le espressioni qui sotto/Tell your partner what your first summer job was like. Use the expressions below.

Il mio primo lavoro estivo era…
Facevo…
Lavoravo… (dove, quando, con chi)
Mi piaceva/Non mi piaceva perché…

Vicenza, Piazza dei Signori

11 **Leggi l'email e rispondi alle domande**/Read the email and reply to the questions below.

A: Carola.lucarelli@libero.it
Oggetto: Viva le vacanze estive

Cara Carola,

come stai? Io sono stressata ma felice perché tra tre mesi finalmente mi laureo. Non ne posso più! Non vedo l'ora di finire così posso godermi un po' la vita. Prima di tutto vado in vacanza in Sicilia per tutto il mese d'agosto, poi penso di fare un viaggio con la mia amica Licia in Sud America ma non abbiamo ancora deciso dove andare. Io vorrei vedere il Perù e il Messico. Mi piacerebbe anche visitare Cuba ma non so se abbiamo abbastanza soldi. Infatti devo prima lavorare per mettere da parte un po' di soldi (ora sono al verde!) Mi piacerebbe lavorare in un villaggio turistico come animatrice, ma non so se è possibile. Ho un colloquio la prossima settimana con la Valtour … speriamo in bene! Ti faccio sapere al più presto. E tu cosa fai quest'estate? Ti piacerebbe venire con me in Sicilia? Quando finisci gli esami?

A presto. Ti lascio per ora, la tesi mi aspetta!

Marika

---

a Why is Marika happy?
b What are her plans for the summer?
c What job would she like to do?

grammatica

Talking about future plans/wishes

Present tense
Tra tre mesi mi laureo.

In three months I will graduate.

Present tense of **pensare** + **di** + infinitive
Penso di fare un viaggio in Sud America.

I am thinking of going to South America.

Vorrei + infinitive
Vorrei vedere il Perù.

I would like to visit Peru.

Mi piacerebbe + infinitive
Mi piacerebbe visitare Cuba.

I would like to visit Cuba.

12 **Abbina le parole. Poi controlla le risposte nel glossario**/Match the words. Then check your answers in the glossary.

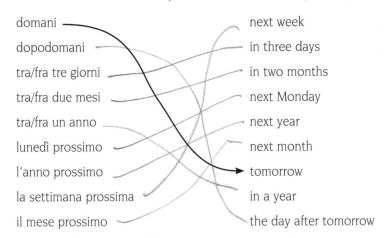

domani — tomorrow
dopodomani — the day after tomorrow
tra/fra tre giorni — in three days
tra/fra due mesi — in two months
tra/fra un anno — in a year
lunedì prossimo — next Monday
l'anno prossimo — next year
la settimana prossima — next week
il mese prossimo — next month

13 **Ascolta Rosaria e Vittoria che parlano dei loro progetti dopo la laurea e prendi appunti in inglese**/Listen to Rosaria and Vittoria talking about their plans after graduation and take notes in English.

Rosaria	Vittoria
_____	_____
_____	_____
_____	_____
_____	_____
_____	_____
_____	_____

14 **Racconta al tuo/alla tua partner cosa pensi di fare in questi momenti del futuro**/Tell your partner what you are thinking of doing for the following occasions in the future.

Per il tuo compleanno — On your birthday
Il prossimo fine settimana — Next weekend
La prossima estate — Next summer
Stasera — This evening
A Capodanno — On New Year's Day

Extra!

15 Ascolta due colleghi che parlano di due candidati selezionati dopo un primo colloquio di lavoro e compila le schede in **inglese**/Listen to two colleagues discussing two candidates shortlisted after a job interview, and fill in the forms in English.

	Piero Bindi	Anna Mauri
Age:	_____	_____
Marital status:	_____	_____
Languages:	_____	_____
Qualities:	_____	_____
Qualifications:	_____	_____
Work experience:	_____	_____

16 **Leggi l'articolo e compila la scheda**/Read the article and fill in the form.

LICEO COREUTICO A Torino danza, canto e teatro per artisti in erba

Vedrai, quegli studenti ... saranno famosi!

Sono bravi e determinati. Molti arrivano dal Sud per le audizioni, tutti hanno in comune una famiglia disponibile a ogni sacrificio, perché il talento non ha prezzo. Così Germana Erba, direttore del liceo Coreutico di Torino (tel. 011 6500 253; fax 011 6500 2541), descrive i suoi ragazzi. Chiamarli studenti è riduttivo: alcuni di loro escono sulle punte e continuano a danzare alla Royal Accademy di Londra o alla scuola di ballo classico di Cuba. Al liceo Coreutico o della danza, istituto privato unico in Italia e sperimentale in Europa, dalle 8 del mattino alle 22 si danza, si canta

e si fa teatro. La Fondazione del Teatro Nuovo per la danza è la locomotiva dell'organizzazione che ha studiato e creato i corsi di studio: il liceo artistico tradizionale, il liceo coreutico el il liceo artistico per l'arte e lo spettacolo. Il ministero dell'istruzione ha recentemente riconosciuto il nuovo indirizzo per il liceo artistico per l'arte e lo spettacolo. Una maturità che dà l'accesso a tutti i concorsi previsti dalla normativa di legge. Attori, cantanti e danzatori devono studiare in cinque anni discipline di area comune più l'indirizzo che può essere coreutico o di arte e

spettacolo.
Al biennio si lavora 39 ore, al triennio 40: ma la stima è molto riduttiva perché i tempi si dilatano in funzione delle prove, delle esigenze degli attori.
Al liceo Coreutico possono accedere ai corsi i ragazzi dai 14 ai 19 anni che abbiano già frequentato scuole di danza almeno a un buon livello – continua Germana Erba. Le richieste per le audizioni possono essere presentate in qualunque momento dell'anno scolastico previa telefonata alla direzione scolastica.

Name of the school: _____ **Special subjects:** _____

Duration: _____ **Requirements for admission:** _____

Grammatica

~ How to express the future

- There is a distinct future tense in Italian. However, to convey the idea of the future it is more common to use the present tense, especially when a high level of certainty is implied.
  Tra una settimana vado in Italia. In a week I'm going to Italy.

- When there is not such certainty about a future event, the following two expressions are preferred: **pensare + di +** infinitive and **forse +** present tense.
  Penso di andare in Sicilia a settembre. I'll go to Sicily in September.
  Forse vado in Sicilia a settembre.

- To express a wish in the future, you can use either the conditional of **volere** followed by the infinitive of the verb or the conditional of **piacere** and the infinitive of the verb.
  Vorrei andare a Rio a luglio. I'd like to go to Rio in July.
  Mi piacerebbe andare a Rio a luglio.

- Here are the conditional of the verb **volere** and the conditional of the verb **piacere** (see Unit 4). Remember that **piacere** takes indirect pronouns (see Unit 8).

(io)	**vorrei**	**mi**	**piacerebbe**
(tu)	**vorresti**	**ti**	**piacerebbe**
(lui/lei/Lei)	**vorrebbe**	**gli/le/Le**	**piacerebbe**
(noi)	**vorremmo**	**ci**	**piacerebbe**
(voi)	**vorreste**	**vi**	**piacerebbe**
(loro/Loro)	**vorrebbero**	**gli**	**piacerebbe**

~ Imperfetto

This tense is formed with the verb stem + the imperfect tense endings for each verb conjugation: **-avo / -evo / -ivo** etc.

lavor<u>are</u>	vend<u>ere</u>	dorm<u>ire</u>
lavor<u>avo</u>	vend<u>evo</u>	dorm<u>ivo</u>
lavor<u>avi</u>	vend<u>evi</u>	dorm<u>ivi</u>
lavor<u>ava</u>	vend<u>eva</u>	dorm<u>iva</u>
lavor<u>avamo</u>	vend<u>evamo</u>	dorm<u>ivamo</u>
lavor<u>avate</u>	vend<u>evate</u>	dorm<u>ivate</u>
lavor<u>avano</u>	vend<u>evano</u>	dorm<u>ivano</u>

The verb **essere** is irregular: **ero eri era eravamo eravate erano**.

Esercizi di grammatica

Passato prossimo

1 Fill in the gaps with the appropriate form of the past tense.

a (Io/laurearsi) _____ tre anni fa.

b Quando (tu/diplomarsi) _____ ?

c (Io/diplomarsi) _____ l'anno scorso.

d (Noi/frequentare) _____ insieme un corso d'informatica due mesi fa.

e Ieri (io/vedere)_____ un annuncio di lavoro e (io/mandare) _____ il mio curriculum.

Present

2 Complete the sentences with the appropriate form of the present tense.

a Che cosa (tu/fare) _____ sabato?

b Quando (voi/partire) _____ per l'Australia?

c L'estate prossima Mara (andare) _____ a Gerusalemme con Therese e con sua madre.

d Tra una settimana (noi/cambiare) _____ casa.

Time expressions

3 Complete the sentences with **tra/fra, domani, dopodomani, prossimo/prossima**.

a Ti richiamo _____ mezz'ora.

b Domenica _____ viene Luca a pranzo.

c Ma che giorno è oggi? – Oggi è venerdì, _____ arriva Luigi dall'Italia. – Ma no! Oggi è giovedì. Luigi arriva _____ .

d L'anno _____ vorrei fare un corso d'inglese a Londra.

Conditional

4 Complete the sentences with the appropriate forms of the conditional of the verb **volere.**

a Cosa (tu) _____ fare domani sera?

b I miei genitori _____ venire a trovarmi a Pasqua.

c Francesco _____ trovare un lavoro migliore entro la fine dell'anno.

d (Noi) _____ fare una festa per il nostro anniversario di matrimonio.

Imperfetto

5 Complete the sentences with the appropriate form of the imperfect.

a L'anno scorso (io/lavorare) _____ in un'agenzia di viaggi.

b La mia ex-ragazza (essere) _____ molto brava in matematica.

c Dieci anni fa non (noi/avere) _____ la patente.

d Che cosa (voi/fare) _____ di bello dieci anni fa? – (Essere) _____ disoccupati.

Glossario

1

esperto	experienced
lavoro fisso	permanent job
lavoro stagionale	seasonal job
lavoro saltuario	temping job
cercasi	wanted
selezionare	to shortlist
curriculum	CV
tirocinio	training
militesente	exempt from National Service
colloquio	interview
locale	entertainment venue
alloggio	accommodation

4

in riferimento a	with reference to
accompagnatore turistico	tourist guide
presso	at the
in seguito	then
sono stata assunta	I was appointed
occuparsi di	to deal with, to work with
impiego	job
ottima conoscenza	very good knowledge
accludo	I attach
titolo di studio	academic qualifications
professione attuale	present job, current occupation
altre esperienze	other experience

6

ragazza alla pari	au pair girl
vetrinista	window dresser
aiutare	help
i compiti (pl.)	homework

9

lasciare il lavoro	to resign
essere stufo	to be fed up
ambiente	environment
indovinare	to guess
impegnativo	demanding
insomma	in a nutshell
sentirsi meglio	to feel better
i soldi (pl.)	money
soddisfatto	satisfied
insoddisfatto	dissatisfied
guadagnare	to earn
pesante	heavy, difficult

10

lavoro estivo	summer job

11

non ne posso più	I am fed up
non vedo l'ora di	I am looking forward to
posso godermi la vita	I can enjoy life
prima di tutto	first of all
villaggio turistico	tourist resort
animatrice	entertainer

12

domani	tomorrow
dopodomani	the day after tomorrow
tra/fra tre giorni	in three days' time
tra/fra un anno	in a year's time
lunedì prossimo	next Monday
l'anno prossimo	next year
la settimana prossima	next week
il mese prossimo	next month

16

artisti in erba	budding artists
audizioni	auditions
liceo Coreutico	Arts and Dance school
scuola di ballo classico	ballet school
istituto privato	private school
spettacolo	performance
ministero dell'istruzione	Department of Education
discipline di area comune	core subjects
biennio	two years
triennio	three years
accedere	to be admitted to

Esercizi di grammatica

disoccupato	unemployed
patente	driving licence

Ancora un po' di pratica

stilista	fashion designer

Lavoro di coppia

1 You are Mr. Alonzo and you have applied for a job in a travel agency. You have now been called for an interview. On the basis of the C.V. below, answer the questions the interviewer (your partner) puts to you.

Name: **Luigi Alonzo**

Age : **25**

Qualifications: **degree** (laurea) **in business studies**

Languages spoken: **English, German, Spanish**

Work experience: **6 months working for CTS in London (part-time), tourist guide in Madrid for 1 year**

2 You are looking for somebody to work in your clothes shop. You have called Miss Gatti (your partner) for an interview . Ask her the appropriate questions in order to fill in the form below.

Name: _____

Age: _____

Qualifications: _____

Languages spoken: _____

Work Experience: _____

Bassano, il ponte degli Alpini

Lavoro di coppia

1 You are looking for somebody to work in your travel agency. You have called Mr. Alonzo (your partner) for an interview. Ask him the appropriate questions in order to fill in the form below.

Name: _____

Age: _____

Qualifications: _____

Languages spoken: _____

Work experience: _____

2 You are Miss Gatti, and you have applied for a job in a clothes shop. You have been called for an interview. On the basis of the C.V. below, answer the questions the interviewer (your partner) puts to you.

Name:	**Licia Gatti**
Age:	**21**
Qualifications:	**'A' level Art** (maturità artistica)
Languages spoken:	**Italian, French**
Work experience:	**baby sitter, receptionist in a hotel for 6 months**

Verona, la sponda destra dell'Adige

Ancora un po' di pratica
FURTHER PRACTICE

Come ti chiami?

1 **Guarda la cartina qui di fianco, ascolta e completa il nome delle città italiane con le lettere mancanti**/Look at the map, listen and complete the names of the Italian cities with the missing letters.

A _ _ _ _ _
B _ _ _
C _ _ _ _ _ _
D _ _ _ _ _ _ _ _ _ _
E _ _ _ _ _
F _ _ _ _ _ _
G _ _ _ _ _
I _ _ _ _ _ _
L _ _ _ _ _ _
M _ _ _ _ _
N _ _ _ _ _
O _ _ _ _ _ _
T _ _ _ _ _
U _ _ _ _
V _ _ _ _ _ _
Z _ _ _

Map labels: Domodossola, Torino, Milano, Zanè, Udine, Genova, Venezia, Imperia, Empoli, Firenze, Livorno, Ancona, Napoli, Bari, Cosenza, Otranto

In italiano molto spesso si usano i nomi delle città per sillabare al telefono / In Italian the name of towns are often used for spelling on the phone.

Mi chiamo Marco: 'emme' come Milano ('m' for Milan); 'a' come Ancona; 'erre' come Roma; 'ci' come Cosenza; 'o' come Otranto.

2 **Guarda la pubblicità qui sotto, ascolta e riempi con le lettere mancanti. Poi controlla a pagina 1**/Look at the ads below, listen and fill in the blanks with the missing letters. Now check on page 1.

_IOCO DEL
O O T O O
Vin_ere è _n _io_o.

tir_ en _a
La _ompa_nia Itali_na di Navi_azione
www.tirrenia.it

P_r o_ni _a_a i_al_ana
_'è u_ Pi_m_no D_n_se.

3 **Qui sotto ci sono due dialoghi che non sono in ordine. Uno è formale e l'altro informale. Separali**/Below you will find two jumbled up dialogues, one is formal and the other one informal. Unjumble them.

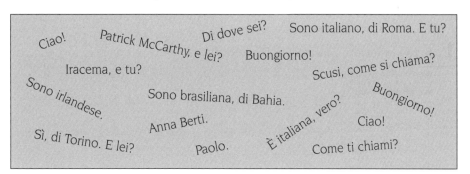

Ciao!   Patrick McCarthy, e lei?   Di dove sei?   Sono italiano, di Roma. E tu?

Iracema, e tu?   Buongiorno!

Sono irlandese.   Scusi, come si chiama?

Sono brasiliana, di Bahia.   Buongiorno!

Anna Berti.   È italiana, vero?   Ciao!

Sì, di Torino. E lei?   Paolo.   Come ti chiami?

4 **Completa la tabella con l'aggettivo di nazionalità. Poi scrivi come si presentano i seguenti personaggi in italiano**/Complete the table with the nationalities. Then write how the following characters would introduce themselves in Italian.

	Nome	Nazionalità	Città di provenienza	Residenza
a	Sophia Loren	_____	Pozzuoli	Ginevra
b	Diego Maradona	_____	Buenos Aires	Buenos Aires
c	Eros Ramazzotti	_____	Roma	Milano
d	Bill Gates	_____	Seattle	Seattle
e	Gordon Brown	_____	Glasgow	Londra

Verona, il ponte romano e la sponda sinistra dell'Adige

2 Al lavoro e in famiglia

1 **Scrivi in lettere i numeri del lotto**/Write in full the following lottery numbers.

LOTTO

CAGLIARI 1

5	19	21	23	a _____
28	81	72	67	b _____
56	53	51	50	c _____
33	34	38	43	d _____

2 **Guarda la carta d'identità e presenta la Signora Marella**/Look at Ms. Marella's identity card below and introduce her.

Cognome MARELLA
Nome CHIARA
nato il 25/07/71
(atto n. (7689) *P.* 1 *S.* A)
a ROMA
Cittadinanza ITALIANA
Residenza ROMA
Via ALISE 88
Stato civile CONIUGATA
Professione INSEGNANTE

CONNOTATI E CONTRASSEGNI SALIENTI

Statura 1,65
Capelli CASTANI
Occhi CASTANI
Segni particolari N.N.

Firma del titolare   *Chiara Marella*

| Impronta del dito indice sinistro | P. IL SINDACO
IL CAPOSEZIONE DELEGATO
Dott. Antonio Del Giudice |

Si chiama ....

3 **Ascolta Giorgio che parla della sua famiglia e completa la scheda in inglese**/Listen to Giorgio talking about his family and complete the table.

Name	Relationship	Age	Profession	Marital status	Place of residence
Sara					
Adriano					
Giovanni					
Carmela					
Elena					

San Pietro, Roma

3 Una giornata tipica

1 **Inserisci i seguenti nomi nella colonna giusta**/Put the following nouns in the appropriate column.

alfabeto, università, professore, mensa, città, zio, studente, professione, lavoro, infermiera, cameriera, meccanici, nazione, sera, pomeriggi, notte, orologio, amica, gnocchi, amici, ragazzi, madri, studentesse, uffici

il	lo	la	l'	i	gli	le

2 **Ascolta gli studenti dell'Università di Napoli e prendi appunti in inglese**/Listen to these students at Naples University and write notes in English to fill the table.

Nome	Età	Città di provenienza	Materia di studio	Famiglia	Informazioni sulla famiglia (età, professione, ecc.)
Luca					
Gemma					
Marco					

3 **Ascolta e scrivi gli orari**/You will hear a series of times on the recording. Write them down as you hear them.

4 **Leggi la lettera che Mary scrive alla sua amica Claudia e indica se le affermazioni sono vere o false**/Read Mary's letter to her friend Claudia and indicate whether the statements below are true or false.

Cara Claudia,

grazie della tua lettera. Vuoi sapere come vivono gli italiani? Ti descrivo la giornata di un tipico italiano, Giorgio, il mio ragazzo.

Giorgio si sveglia verso le otto, fa colazione al bar, (prende sempre un cornetto e un caffè) e poi va a lavorare. Verso l'una torna a casa per pranzo. Dopo pranzo si riposa un po'. In Italia tra l'una e le quattro molti negozi e uffici sono chiusi. Verso le quattro torna al lavoro. Esce dall'ufficio alle sei e mezza e poi, la sera, va in pizzeria con gli amici. Dopo, viene a prendermi e usciamo insieme. Il lunedì, il mercoledì e il venerdì andiamo in palestra. Il martedì e il sabato andiamo al cinema. Qualche volta andiamo a teatro. A Rimini ci sono molte discoteche ma Giorgio odia ballare (che peccato!). In genere, torniamo a casa la sera tardi, perciò la mattina sono sempre stanca.

Grazie a Giorgio, però, il mio italiano migliora sempre di più. Avere un ragazzo italiano è il modo migliore d'imparare la lingua! Il problema è che vorrei anche imparare il francese ...

Ti saluto. A presto.

Mary

		True	False
a	Giorgio è il tipico ragazzo italiano.	_____	_____
b	Giorgio fa colazione a casa.	_____	_____
c	Giorgio pranza al bar.	_____	_____
d	Giorgio non lavora il pomeriggio.	_____	_____
e	La sera Giorgio mangia una pizza con gli amici.	_____	_____
f	Mary impara l'italiano perché ha un ragazzo italiano.	_____	_____

5 **Adesso correggi le affermazioni false, scrivendo delle frasi come nell'esempio**/Now correct the false statements in writing as in the example.

Giorgio non fa colazione a casa, ma al bar.

6 **Scrivi una lettera ad un amico e descrivi una tua giornata tipica nel tuo paese d'origine**/Write a letter to a friend and describe a typical day of yours in your own country.

Il tempo libero

 1 **Leggi la lettera e rispondi alle domande**/Read the letter and answer the questions.

> Caro Mauro,
>
> sono a Londra da una settimana e dopo le prime difficoltà, devo dirti che questa città mi piace un sacco. Ho già alcuni amici che sono compagni di corso all'università dove studio. Sono ragazzi di nazionalità diverse e sono molto simpatici. Dopo le lezioni del mattino andiamo quasi sempre in un piccolo bar a Soho dove c'è sempre musica dal vivo. Il pomeriggio cerco di studiare in biblioteca, ma qualche volta mi distraggo perché c'è tanta gente eccentrica che trovo interessante osservare. Mi piace la moda pazza di questa città. Pensa che qui la gente si veste come vuole e mi piace tanto questa libertà. Invece non mi piace per niente il clima! Piove sempre e quando non piove il cielo è grigio e deprimente.
>
> Adesso vado perché comincia la lezione. Scrivimi qualche volta (ti scrivo sempre io!).
>
> Ciao,
>
> Tiziana

a How long has Tiziana been in London?
b What does she do after class?
c Why does she find it difficult to concentrate in the library?
d What does she think of fashion in London?
e What does she dislike about London?

 2 **Immagina di essere Mauro e rispondi alla lettera**/Imagine you are Mauro and reply to the letter.

Explain that you are very busy with your exams, therefore your life is very boring. Say that you do not have time to go out and meet friends. Ask her when she is coming back.

> Cara Tiziana,
> grazie per la tua lettera. Finalmente trovo un po' di tempo per scriverti!
> _____
> _____
> _____
>
> Non vedo l'ora di finire gli esami e di rivederti.
> Baci,
> Mauro

3 Ascolta Pratik e Claudia che parlano delle loro prossime vacanze. Ascolta varie volte e prendi appunti in inglese su ciò che dicono/Listen to Pratik and Claudia talking about their holiday plans and write which pros and cons they mention about each place. Listen as many times as you like and try to understand as many points as you can.

	Pros	Cons
Sea		
Mountains		
Countryside		
Lakes		
London		
Paris		
Cuba		

4 Risolvi il cruciverba e coniuga i verbi/Do the crossword giving the appropriate verb forms.

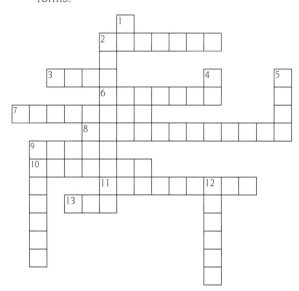

Across

  2 partire – they leave
  3 vivere – he/she lives
  6 finire – we finish
  7 prendere – you (pl) take
  8 preferire – they prefer
  9 abitare – you live
  10 finire – I finish
  11 comprare – we buy
  13 essere – you are

Down

  1 avere – he/she has
  2 preferire – you prefer
  4 avere – I have
  5 essere – I am
  9 affittare – you rent
  12 amare – we love

5 Al bar

1 **Ascolta questi studenti che si incontrano in un bar e completa la tabella in inglese**/ Listen to these exchange students talking about themselves in a bar and fill in the grid.

Name	Age	Nationality	Subject studied	Hobbies	Order	Price
Martha						
Helen						
Paulo						

2 **Leggi la descrizione del bar Alboran e del bistrot La Contrada dell'Oca e rispondi alle domande**/Read the description of the Alboran and La Contrada dell'Oca and answer the questions.

"Per un aperitivo ideale appuntamento all'Alboran"

«DA architetto, posso dire che il bar Alboran è uno dei pochi realizzati con gusto, mettendo insieme linee innovative e funzionalità. L'arredo infatti è moderno, ma non freddo: infatti l'atmosfera è calda e accogliente».

«Prima di cena, tra le 19 e le 20, questo bar è il luogo ideale per darsi appuntamento e bere un aperitivo: io vado sul classico, Campari-soda o Bitter Campari».

In effetti il bar-bistrot di via Otranto 9 (telefono 06375 14763) è affollatissimo all'ora dell'aperitivo serale con buffet gratuito. Infatti il bancone è invaso da microtramezzini, pizzettine, patatine, olive, tartine ed altro ancora, per accompagnare un Martini cocktail o un prosecco Valdobbiadene.

LA CONTRADA DELL'OCA

Un piccolo e accogliente bistrot dove sedersi e mangiare uno spuntino salato o dolce: è LA CONTRADA DELL'OCA (via Famagosta 12). Aperto fin dopo la mezzanotte, il localino è un punto d'approdo dove poter gustare una insalata o un panino, bere un tè o un caffè accompagnato da dolci fatti in casa. E per chi prima di andare a dormire vuole assicurarsi una corretta digestione, ecco una ampia scelta di tisane. Non mancano riviste e giochi di società.

a Which is the best place to go for an aperitif?
b Where would you go for a snack after midnight?
c In which of the two bars can you find a comfortable atmosphere?
d Where would you go if you loved home-made puddings?
e Where would you go if you were hungry but had only enough money for a drink?

3 **Risolvi il cruciverba. Leggi la parola inglese e trova la parola corrispondente in italiano**/Do the crossword finding the appropriate word in Italian.

Across

5 Parking
6 Heating
7 Double room
8 Triple room
10 Air conditioning
12 Telephone
13 Restaurant

Down

1 Café
2 Swimming pool
3 Bathroom
4 Cash dispenser
8 Television
9 Single room
11 Shower

4 **Leggi l'email qui sotto e riempi gli spazi con le parole più appropriate**/ Read the email below and fill in the gaps with appropriate words.

> **A: albergolaprazza.it**
> **Oggetto: Prenotazione camera doppia**
> ___
>
> Gentile Direttore,
>
> vorrei prenotare una _____ doppia per _____ settimana dal 23 al 29 dicembre.
>
> Vorrei una camera tranquilla, _____ bagno, se possibile con vista sul mare.
>
> Vorrei sapere il _____ della camera con la prima _____ inclusa e vorrei anche sapere se ci _____ servizi come _____ piscina, _____ sauna, e _____ solarium.
>
> Mi potrebbe spedire un depliant dell' _____?
>
> In attesa di una Sua gentile risposta, La saluto cordialmente.
>
> Adele Rippetta

A casa

1 **Abbina le parole italiane a quelle inglesi**/Match the Italian words to the English ones.

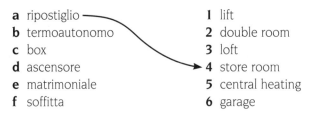

a	ripostiglio	**1**	lift
b	termoautonomo	**2**	double room
c	box	**3**	loft
d	ascensore	**4**	store room
e	matrimoniale	**5**	central heating
f	soffitta	**6**	garage

2 **Leggi gli annunci dell'agenzia immobiliare e rispondi alle domande**/Read the estate agent's adverts and answer the questions.

MITELCASA – servizi immobiliari

San Giacomo 3° piano ingresso in zona giorno con angolo cucina, matrimoniale, cabina guardaroba, bagno, termoautonomo, €40.000

Balamonti 4° piano ingresso, ampia cucina abitabile, soggiorno, matrimoniale, bagno, balcone e cantina, termoautonomo, €55.000

Pineta di Servola con vista aperta recente 4° piano: soggiorno con cucinino, matrimoniale, bagno, ripostiglio, terrazzetta, cantina, €58.000

Campo San Giacomo appartamento di ca 100 mq composto da quattro camere, grande cucina abitabile, bagno, ripostiglio, termoautonomo, serramenti alluminio, parzialmente da ristrutturare, €60.000

San Giacomo (chiesa) recente V° piano (ultimo) con ascensore soggiorno, matrimoniale, cucina, bagno, terrazzetta, €65.000

Centrale II° piano soggiorno, cucina, due camere, bagno, ripostiglio, termoautonomo, buonissime condizioni, stabile d'epoca perfetto, €67.000

Altura appartamento nel verde tranquillo e soleggiato, due camere, saloncino, cucina abitabile, doppi servizi completi poggiolo e terrazza, soffitta, €80.000

Perugino quinto piano con ascensore ingresso, due matrimoniali, saloncino, cucina abitabile, bagno, ripostiglio, tre balconi e box auto, €85.000

In costruzione porzione di **bifamiliare** su tre livelli composta da soggiorno, cucina abitabile, quattro stanze, due bagni completi più un servizio più box per tre auto, cantina, terrazze e giardini. Informazioni e planimetrie presso ns. Uffici.

Which apartment/s would you choose if:

a you wanted a small kitchen
b you wanted a loft
c you wanted a large garage
d you wanted to live in a period building
e you were a nature lover
f you had a large family
g you had a lot of children
h you had a lot of clothes

3 La prossima estate farai uno scambio di casa con una tua amica italiana. Scrivile una lettera. Descrivi la tua casa e chiedi alla tua amica com'è la **sua**/Next summer you are going to swap flats/houses with an Italian friend. Write to her describing your house/flat. Ask questions about her place.

4 Ascolta due studenti che devono affittare una casa insieme e riempi la scheda con le loro preferenze/Listen to these two students wanting to rent a flat together and fill in the grid below with their preferences.

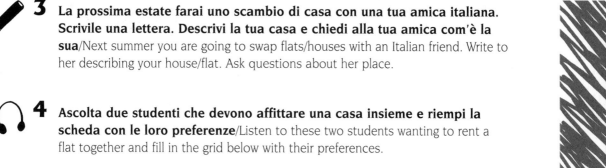

	Pros	Cons
Town centre		
Suburbs		

5 Trova l'intruso in ogni gruppo e metti l'articolo determinativo appropriato **davanti alle parole**/Find the odd one out and put the appropriate definite article in front of the words.

a _il_ frigorifero
   ___ lavatrice
   ___ (armadio)
   ___ lavastoviglie

b ___ letto
   ___ tostapane
   ___ comodino
   ___ materasso

c ___ bidè
   ___ lavandino
   ___ vasca
   ___ piscina

d ___ divano
   ___ poltrona
   ___ forno
   ___ tavolino

e ___ pianta
   ___ penna
   ___ quadro
   ___ lampada

7 In città

1 **Ascolta la descrizione e scrivi il nome dei posti a–g**/Listen and write the names of the places on the map.

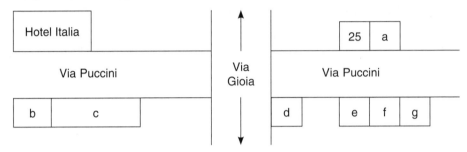

Hotel Italia			25	a

Via Puccini | Via Gioia | Via Puccini

| b | c | | d | e | f | g |

2 **Scrivi una lettera ad un amico italiano che ti viene a trovare a Milano e che vuole indicazioni per arrivare dalla stazione Centrale a via Fogazzaro (vicino alla Rotonda della Besana) dove si trova la tua casa**/Write a letter to your Italian friend who is coming to visit you in Milan and would like directions from the main train terminal to your place in via Fogazzaro.

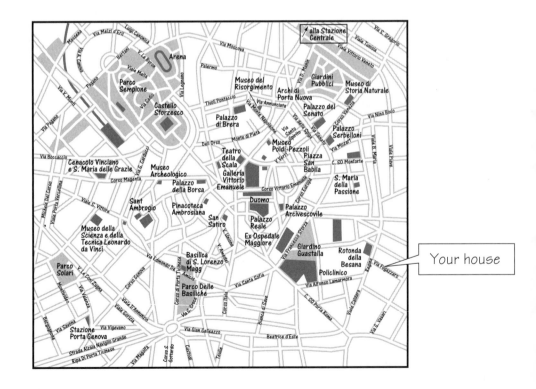

Your house

3 **Ascolta il messaggio telefonico e completa**/Listen to the telephone message and complete.

Date of arrival: _____   Date of departure: _____

Time of arrival: _____   Time of departure: _____

Place of arrival: _____   Place of departure: _____

4 **Leggi il depliant e rispondi alle domande**/Read the leaflet and answer the questions below.

Ferrovie dello Stato – Offerta Famiglia

A chi

L'offerta è dedicata alle famiglie, ma anche ai gruppi di amici e di colleghi.
Basta essere non meno di tre persone e non più di cinque*.

Come

L'offerta consiste in uno sconto del 30%, sia in 1a che in 2a classe, che verrà applicato sul prezzo globale del biglietto (tariffa ordinaria+supplemento, ove questo sia previsto). Lo sconto vale per tutti i tipi di treno, compresi i tratti nazionali effettuati dagli Eurocity e dai "Geie Italia-Francia"**.
Verrà emesso un solo biglietto, cumulativo e scontato, con l'unica condizione che tutta la famiglia, o il gruppo, viaggi insieme sullo stesso treno e nella stessa classe.

**Sono esclusi dallo sconto i servizi accessori al viaggio (cuccette, VL, ristorazione, ecc.) e le prenotazioni quando facoltative. I biglietti non sono rimborsabili e non si possono acquistare direttamente a bordo treno.*

Concorrono al numero minimo richiesto per il gruppo anche i ragazzi dai 4 ai 12 anni che pagano la metà del prezzo ridotto.

Offerte e sconti su misura

Le opportunità delle Ferrovie dello Stato non finiscono con l'Offerta Famiglia.
Viaggiate spesso e vi piace farlo in tutta comodità? Regalatevi Carta Prima. Volete abbinare *comfort* a bordo e servizi a terra? Diventate Soci del Club Eurostar. Avete oltre 60 anni? C'è la Carta d'Argento per voi. Avete superato i 12 anni ma non i 26? Vi aspetta Carta Verde.

a Who can take advantage of the special offer advertised in the leaflet?
b What does the special offer consist of?
c What conditions are attached to it?
d Can you buy tickets on the train?
e What discount card is available if you are between 12 and 26? Likewise, is there a card available if you are over 60? If so, what is it called?

8 Ti va di ...?

 1 **Ascolta e segna sull'agenda gli impegni di Stefano**/Listen and write Stefano's
appointments in the diary below.

	lunedì	martedì	mercoledì	giovedì	venerdì	sabato	domenica
08–10							
10–12							
12–14							
14–16							
16–18							
18–20							
20–22							
22–24							

 2 **Rispondi alla cartolina seguendo la traccia**/Answer Piero's postcard following the
guidelines below.

You accept the invitation.
You will arrive at the
  station on Friday at
  8 pm.
Ask for directions from
  the station to his
  house.
Inquire about his plans
  for the weekend.
Suggest something that
  you would like to do.

Cara Giulia,
Come stai?
Allora, vieni a trovarmi il
prossimo fine settimana?
Fammi sapere al più presto.
Ti aspetto.

  Piero

Giulia Talin
Via Donizetti 18
36078 Valdagno
Vicenza

3 **Lavori per l'agenzia 'Lui cerca lei – Lei cerca lui'. Leggi gli annunci e trova l'anima gemella per ciascun corrispondente**/You work for 'Lui cerca lei – Lei cerca lui', an Italian dating agency. Read the ads below and match them.

TELEANNUNCI – 166.123.600

In collaborazione con **FIERACITTÀ** – *Servizio Audiotel riservato ai maggiori di anni 18.*
Lui cerca Lei – Lei cerca Lui

Nubile 38enne di bell'aspetto di sani principi morali conoscerebbe uomo per instaurare rapporto duraturo finalizzato al matrimonio età max. 45 anni no separati. F.P. marano. P.A. 33459876

Ragazza 28enne di bell'aspetto dolce ottima moralità cerca ragazzo celibe romantico per rapporto amicizia serio finalizzato al matrimonio necessario telefono e foto. F.P. Ottaviano. P.A. NA 54319134C

Ciao sono Fabio. 37enne, non sono libero, 1,76, molto carino, capelli e occhi castani, un bel carattere allegro e socievole, cerco casalinghe e ragazze annoiate ed attraenti che, come me, hanno voglia di evadere dalla routine quotidiana, naturalmente tutto questo nel max. rispetto degli impegni della vita che stiamo vivendo, perciò se siete interessate a trascorrere momenti piacevoli con un partner giovane, bello ed allegro, lasciate un messaggio. Ciao. 0365

Vedova 48enne bella presenza conoscerebbe compagno serio vedovo o separato che abbia intenzione di farsi una vita. F.P. Casalnuovo C.I.AA4912288

Ragazza dinamica e interessante cerca amica per rapporto stabile, non uomini, perditempo o coppie. Gradita foto F.P Salerno Centrale.

Professionista 34enne carino distinto riservato cerca donna pari requisiti per eventuale relazione. F.P.Napoli c.le. P.A. 67890654

Straniera 30enne impiegata buona conoscenza inglese italiano cerca eventuale matrimonio max 45enne buona posizione socio economica moralità cultura. Budapest F.P. 321 Ungheria.

Ragazzo 31enne alto bruno occhi verdi cerca ragazza semplice e sincera scopo amicizia. F.P. Aversa

Ragazza gay carina colta conoscerebbe ragazza pari requisiti per istaurare un rapporto d'amore basato su fedeltà e lealtà reciproca. Non si risponde a fermoposta e cellulare. F.P. Fuorigrotta.

Mi chiamo Tonia ho 43 anni, non sono libera e cerco una persona come me per passare momenti piacevoli insieme. 09867B

Stupendo 62enne solo indipendente giovanile cerca donna max 60enne per calda amicizia eventuale futuro. F.P. Napoli C.le T.V. 0987650

Sono Gino cerco ragazza straniera con la rara virtù cuore nobile e pieno bontà prometto tanta serietà ed amore e famiglia seria ed onesta sono 49enne impiegato. F.P. Battipaglia Salerno C.I. AC 122199

---

4 **Scrivi una lettera ad un amico/un'amica descrivendo il tuo uomo/la tua donna ideale**/Write a letter to a friend in which you describe your ideal man/ woman.

> Cosenza, 14 gennaio 2008
>
> Caro/a _____
> come stai? Mi chiedi com'è il mio uomo/la mia donna ideale. Soddisfo subito la tua curiosità. Il mio uomo/La mia donna ideale è _____
> _____
> _____
>
> Ciao! A presto.

9 Cosa hai fatto ieri?

 1 **Leggi l'articolo e rispondi alle domande**/Read the article below and answer the questions.

VADO ALL'ESTERO, MA POI TORNO CON UN CURRICULUM 10 E LODE

Trascorrere un anno di studio all'estero. Un'esperienza preziosa, che consente di acquistare la padronanza di una lingua straniera, di arricchire il proprio bagaglio di conoscenze e, soprattutto, di sviluppare una mentalità aperta e flessibile. Per diventare cittadini del mondo è sufficiente essere iscritti a una qualsiasi scuola superiore, avere dai quindici ai diciannove anni di età, una buona pagella e la capacità di esprimersi in una lingua diversa dall'italiano. Con questi requisiti – e, naturalmente, con il consenso dei genitori e degli insegnanti – si può frequentare un anno o solo un quadrimestre in una scuola straniera. Durante il soggiorno all'estero si viene ospitati da una famiglia e seguiti individualmente da tutor esperti.

Partire è facile: basta rivolgersi a una delle numerose organizzazioni che si occupano di viaggi di studio o scambi culturali. La partecipazione ha un costo, ma esistono programmi per tutte le tasche. A un prezzo più contenuto non corrisponde necessariamente una minore qualità o affidabilità del servizio: alcune organizzazioni, infatti, operano senza fini di lucro e talvolta sono addirittura finanziate dai governi. In molti casi, inoltre, sono previsti concorsi per borse di studio. Anche il rientro in Italia non presenta difficoltà. La possibilità di studiare per qualche mese all'estero senza perdere l'anno scolastico è infatti prevista dalla legge.

Ogni dettaglio dovrebbe essere definito in anticipo con i professori e il preside della scuola. "Personalmente consiglio sempre di partire durante il quarto anno, perché in terza si cominciano materie nuove ed è un anno troppo impegnativo per essere saltato", suggerisce ad esempio Annamaria Borgis, preside del liceo linguistico Erasmo da Rotterdam di Torino. "Sono sempre favorevole alle esperienze di studio all'estero. Credo che abbiano un alto valore formativo e che rappresentino un'ottima occasione di crescita personale" prosegue la professoressa Borgis.

La ricaduta sul profitto però non è sempre ottima. Nemmeno per la lingua straniera: i ragazzi quando tornano parlano in modo fluente, ma la grammatica è "debole". Per quanto riguarda la destinazione, "molti studenti vorrebbero andare in Gran Bretagna, ma c'è un sistema scolastico troppo diverso dal nostro: gli ultimi due anni di scuola superiore si seguono solo tre materie" avverte Annamaria Borgis "e recuperare al ritorno in Italia diventa troppo difficile". Meglio ancora gli Stati Uniti, "anche se nelle high school americane non c'è lo stesso rigore che da noi, si seguono meno materie e con un contenuto diverso".

Minori problemi di "recupero" incontrano i ragazzi in grado di studiare in francese o in tedesco: "In Francia, Germania e Austria" assicura la professoressa Borgis "le scuole adottano programmi molto più simili ai nostri e dopo un soggiorno in questi Paesi non ci sono difficoltà di reinserimento".

a What are the advantages of studying abroad?
b What are the requirements for taking part in the scheme?
c How long can you choose to study for?
d What kind of living arrangements can you expect?
e How expensive is it to join the scheme?
f What advice does Borgis give to potential students?
g What are the best countries to choose when going to study abroad?
h Which is the worst and why?

 2 **Ascolta questi studenti che parlano della loro esperienza di studio all'estero e prendi appunti in inglese**/Listen to these students talking about their study experience abroad and take notes in English.

Anna	Giorgio	Paola

3 **Scrivi una lettera a un amico/un'amica in Italia parlando del viaggio che hai fatto all'estero**/Write a letter to a friend in Italy and tell him/her about a journey you made abroad.

> Caro/a ——,
>
> Come stai? Sono appena tornato/a dalle vacanze. Indovina dove sono stato/a ?
>
> _____
> _____
> _____
> _____
> _____
> _____
> _____
> _____
> _____
>
> E tu, come hai passato le tue vacanze? Scrivimi presto.
>
> Un bacione.

10 Alla ricerca di un lavoro

1 **Due amici italiani si incontrano per caso in un bar a Londra e parlano del loro nuovo lavoro. Ascolta e prendi appunti in inglese**/Two Italian friends meet by chance in a café in London and talk about their new jobs. Listen and fill in the grid.

	Franca	Giovanni
Job		
Working hours		
Advantages		
Disadvantages		
Salary		

2 **Scrivi una lettera all'ufficio di collocamento con queste informazioni**/Write a covering letter to the job centre including the following information:

Personal details (name, age etc.)
Your qualifications
Languages spoken
Previous work experience
Job required

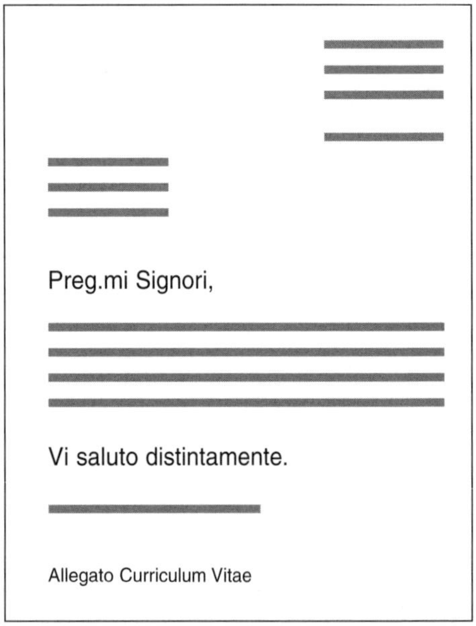

Preg.mi Signori,

Vi saluto distintamente.

Allegato Curriculum Vitae

3 Leggi l'articolo, rispondi alle domande e compila la scheda/Read the article, answer the questions below and fill in the form.

CORRIERE LAVORO/UNINDUSTRIA/3 ✦ SEI STILISTI IN ERBA

La creatività è l'elemento fondamentale che fa un ottimo stilista. Quattro tratti di matita possono far capire il valore del capo disegnato. Lo stilista è il responsabile della ricerca e dell'idea, ispiratore delle tendenze moda. Amministra creatività, tecnologia, informazione e trend. Lo stilista può lavorare per la propria griffe o collaborare con aziende, studi stilistici e di consulenza e ricerca.

Al concorso possono partecipare stilisti, in possesso di diploma di scuola media superiore, un attestato di qualifica a corsi specifici del settore, buona conoscenza dell'inglese, età non superiore ai

27 anni. L'importante è non aver lavorato in aziende appartenenti al Sistema Moda Treviso dal giugno 98.

Gli interessati dovranno inviare fotografia formato tessera, curriculum, diploma di scuola media superiore, attestati di frequenza e/o qualifiche a corsi specifici del settore, uno o più disegni in misura A4 in doppia copia di un modello con indicazione sul retro di: nome, scheda tecnica (comprensiva di

colore e tessuto) e un massimo di cinque righe di commento.

I disegni devono far riferimento a uno dei tre comparti definiti per lo stilista (confezione donna/bambino, maglieria uomo/donna, intimo/corsetteria e bagno).

Titolo preferenziale, l'invio di uno o più disegni realizzati su tema libero riguardo abbigliamento e accessori.✦

CORRIERE LAVORO
☐ CONCORSO STILISTI GRUPPO SISTEMA MODA

Cognome _____
Nome _____
Via _____
Cap _____
Città _____

a Which is the main quality for a stylist?
b Who can take part in the competition?
c What do you have to do in order to take part?

 4 Scrivi una lettera a un amico/un'amica parlando dei tuoi progetti per la prossima estate/Write a letter to a friend telling him/her your plans for next summer.

Caro/a ....

come stai? Allora hai deciso cosa fai la prossima estate?

Io _____
_____

Fammi sapere. Aspetto tue notizie.

A presto.

GUIDE TO INTONATION AND PRONUNCIATION

1 **a** **Ascolta la pronuncia di questi suoni**/Listen to the following sounds.

ce   ge
ci   gi

b **Ascolta e completa le seguenti parole**/Listen and complete the following words.

1 ami ____
2 Pari ____
3 arriveder ____
4 no ____
5 ____ nerale
6 ____ ntro
7 ____ ta
8 ____ ttà
9 ____ nare
10 ____ ro
11 ____ nese
12 fran ____ se

2 **a** **Ascolta la pronuncia di questi suoni**/Listen to the following sounds.

che   ghe
chi   ghi

b **Ascolta e completa le seguenti parole**/Listen and complete the following words.

1 alber_____
2 _____ ro
3 _____ rubino
4 dialo _____
5 ri _____
6 _____ amo
7 In _____ lterra
8 _____ accio
9 lun _____
10 _____ ave

3 **a** **Ascolta le seguenti parole e ripetile**/Listen to the following words and repeat them.

bi<u>rr</u>a	prosciu<u>tt</u>o	ro<u>ss</u>o	ba<u>bb</u>o
ca<u>ff</u>è	carte<u>ll</u>o	ma<u>mm</u>a	spia<u>gg</u>ia

b **Ora ascolta e decidi se la consonante è semplice o doppia**/Now listen and decide whether the consonant is single or double.

	semplice	doppia
1	r	rr ✓
2	s	ss
3	l	ll
4	n	nn
5	c	cc
6	r	rr
7	t	tt
8	s	ss
9	n	nn
10	s	ss

4 **a** **Ascolta la pronuncia di questi suoni**/Listen to the following sounds.

sci   sce   scia   scio   sciu

b **Ascolta e completa**/Listen and complete.

1	_____ are	6	_____ ndere
2	_____ gamano	7	a _____ nsore
3	_____ rpa	8	u _____ re
4	_____ na	9	_____ cco
5	_____ lto	10	_____ me

5 **a** **Ascolta la pronuncia di questi suoni**/Listen to the following sounds.

gn [ñ]   gl [ʎ]

b **Ascolta e decidi a quale colonna appartiene ciascuna parola che senti**/Listen and decide to which list the words you hear belong.

gn **(gnocchi)**   gl **(foglia)**

1 _____   _____
2 _____   _____
3 _____   _____
4 _____   _____
5 _____   _____
6 _____   _____
7 _____   _____
8 _____   _____

c **Ora ascolta di nuovo e ripeti**/Now listen again and repeat.

6 **a** **Ascolta l'intonazione: si tratta di domande o di affermazioni?**/Listen and decide whether the sentence is a question (Q) or a statement (S).

		Q	S
1	_____	☐	☐
2	_____	☐	☐
3	_____	☐	☐
4	_____	☐	☐
5	_____	☐	☐
6	_____	☐	☐
7	_____	☐	☐
8	_____	☐	☐

b **Ascolta nuovamente e scrivi le frasi negli appositi spazi**/Listen again and write the sentences in the space provided.

153

GUIDE TO GRAMMATICAL TERMS

Language learners often feel unsure about grammatical terms. The following list gives some simple definitions. Examples are underlined, terms used which are defined elsewhere in the list are given in bold. Examples are drawn from English: reference is made to Italian only when something distinctive about that language needs to be noted. This Guide is concerned only with the meanings of grammatical terms: there is an Italian Grammar Summary beginning on page 156.

adjective   A word used to describe a **noun** ('an <u>interesting</u> woman'; 'The curry is <u>hot</u>'). See also **demonstrative adjective**, **possessive adjective**.

adverb   A word which describes the action of a **verb** ('She sings <u>beautifully</u>', 'He cooks <u>well</u>') or modifies (= gives further information about) an **adjective** ('It's a <u>really</u> expensive car') or another adverb ('She sings <u>really</u> well').

agree   In English, adjectives don't change their form but in Italian they have to agree with the noun they are describing in gender and number: if the noun is feminine, the adjective must be in the feminine form, if the noun is plural, so is the adjective.

article   <u>The</u> (called the definite article), <u>a</u> or <u>an</u> (the indefinite article).

auxiliary verb   A **verb** combining with another verb to form a **compound tense**. ('She <u>has</u> gone' = auxiliary verb 'to have' here used to form the Perfect tense by combining with the **past participle** of the verb 'to go'.)

compound tense   A **tense** formed by combining an **auxiliary verb** with another **verb**. For example, the future tense ('he <u>will see</u> you next week' = auxiliary verb 'will' combined with the **infinitive** 'arrive'), the perfect tense ('we <u>have</u> already <u>seen</u> him = auxiliary verb 'have' combined with the **past participle** 'seen').

conjunction   A word which joins parts of a sentence ('He was tired <u>and</u> he wanted to go home'; 'They arrived early <u>because</u> they wanted a good place').

demonstrative adjective   These 'point out' **nouns** (<u>this</u> chair/<u>these</u> chairs; <u>that</u> house/<u>those</u> houses).

direct object   The word which directly undergoes the action of the **verb**. In the sentence 'She sent her mother <u>a present</u>', what she sent was a present, so that is the direct object. She didn't send her mother! See also **indirect object**.

gender   In Italian, all **nouns** have a grammatical **gender**, masculine or feminine, and **adjectives** have to **agree**.

imperative   **Verb** form used in giving commands and instructions ('<u>Turn</u> left now!').

indirect object   A secondary **object**. In the sentence 'She sent <u>her mother</u> a present', the direct object, the thing which is sent, is the present. It was sent to her mother, the **indirect object**.

intransitive verb   **Verb** that doesn't take a direct object, e.g. '<u>to arrive</u>' ('She <u>arrived</u> at one o'clock').

infinitive   The basic form of a **verb** ('to sing'; 'to write').

irregular verb   **Verb** that doesn't follow a standard pattern.

noun   Word denoting a person ('student'), thing ('book'), animal ('cat') or abstract idea ('happiness').

number   Whether a word is **singular** or **plural**.

object   The **noun** or **pronoun** which undergoes the action of the **verb**, e.g. 'We bought a house'; 'I saw him'.

object pronoun   **Pronoun** used when it's the **object** of the **verb**: me, you, him, her, it, us, them.

past participle   Part of the **verb** which combines with an **auxiliary verb** to form the Perfect tense ('They have arrived';' I have seen').

plural   More than one: the plural of 'man' is 'men'.

possessive adjective   e.g. 'My house', 'your friend', 'his car', etc.

preposition   e.g. 'On the table',' under the chair', 'to the station', 'for the teacher', etc.

pronoun   Word taking the place of a **noun**. 'Peter saw the waitress' becomes 'He saw her.'

reflexive verb   In Italian, verb formed with an extra pronoun (called a reflexive pronoun), e.g. chiamarsi (to be called): (io) mi chiamo Carla = I am called Carla.

regular verb   **Verb** that follows a standard pattern.

relative pronoun   **Pronoun** used to refer back to a noun earlier in the sentence, e.g. 'The man who lives there is very old'; 'The book which he chose ...'; 'The woman/film that he saw ...'.

singular   One rather than many: the singular of 'bananas' is 'banana'.

subject   Who or what carries out the action of the **verb,** e.g. 'A student sent me this email'; 'We are travelling next week'; 'The letter arrived yesterday'.

subject pronoun   **Pronoun** used when it's the subject of the **verb**: I, you, he, she, it, we, they.

transitive verb   **Verb** which takes a **direct object**, e.g. 'to eat' (He ate an apple), unlike an **intransitive verb**, which doesn't.

tense   Form taken by a **verb** to show when the action takes place, e.g. Present tense: 'They live in New York'; Past tense: 'They lived in New York'; Future tense: 'They will live in New York', etc.

verb   Word indicating an action ('They ate their dinner') or state ('The book lay on the table'). Different **tenses** are used to show when something happened. See also **auxiliary verb, intransitive verb, irregular verb, reflexive verb, regular verb, transitive verb**.

GRAMMAR SUMMARY

This is a short summary of basic Italian grammar. If you are not familiar with grammatical terms, you will probably find the 'Guide to grammatical terms' on the previous two pages very useful as an introduction to this section.

Nouns

Nouns have a gender – masculine or feminine.

- Nouns ending in '**o**' are usually masculine, e.g. **gelato, alfabeto, libro, fratello, ragazzo**.
- Nouns ending in '**a**' are usually feminine, e.g. **sorella, città, nazionalità, Italia, sera**.
- Nouns ending in '**e**' can be either masculine or feminine, e.g. **notte** (f), **caffè** (m), **nazione** (f).

Nouns have a number – singular or plural.

- Masculine nouns ending in '**o**' change into '**i**' in the plural, e.g. **fratello → fratelli**.
- Feminine nouns ending in '**a**' change into '**e**' in the plural, e.g. **sorella → sorelle**.
- Nouns ending in '**e**' change into '**i**' in the plural, e.g. **padre → padri** or **madre → madri**.

Articles

Articles can be either definite or indefinite.

Singular definite articles (the words for 'the')

> **il** is used before *masculine* nouns starting with a *consonant*.
> **lo** is used before *masculine* nouns starting either with **s** + *consonant* or **ps, z, gn, y, x**.
> **l'** is used before *masculine* or *feminine* nouns starting with a *vowel*.
> **la** is used before *feminine* nouns starting with a *consonant*.

> For example **il poliziotto, lo zoologo, l'attore, l'attrice, la segretaria**.

Plural definite articles (the words for 'the')

> **i** is used before *masculine* nouns starting with a *consonant*.
> **gli** is used before *masculine* nouns starting with a *vowel* or with **s** + *consonant* or **ps, z, gn, y, x**.
> **le** is used before *feminine* nouns starting with a *consonant* or a *vowel*.

> For example **i musei, gli studenti, gli uffici, gli psicologi, gli zoologi, gli gnocchi, gli yogurt, gli xilofoni, le banche, le edicole**.
> N.B. **le** is never elided, e.g. **le amiche**.

Indefinite articles (words for 'a/an')

> **un** is used before *masculine* nouns starting with a *consonant* or *vowel*.
> **uno** is used before *masculine* nouns starting either with **s** + *consonant* or **ps, z, gn, y, x**.
> **una** is used before *feminine* nouns starting with a *consonant*.
> **un'** is used before *feminine* nouns starting with a *vowel*.

> For example **un medico, uno studente, una studentessa, un'attrice**.

Adjectives

Adjectives agree in gender and number with the noun they refer to and they usually follow the noun.

* There are two categories of adjectives:

  1. Adjectives ending in '**o/a**'
     e.g. **ragazzo italiano** (m)
     ragazza italiana (f)

  2. Adjectives ending in '**e**'
     e.g. **ragazzo inglese** (m)
     ragazza inglese (f)

* Adjectives ending in '**e**' have the same ending for the feminine and masculine.

* Most adjectives form the plural by changing their endings as nouns do.

  1. Adjectives ending in '**o/a**'
     e.g. **due ragazzi italiani** (m)
     due ragazze italiane (f)

  2. Adjectives ending in '**e**'
     e.g. **due ragazzi inglesi** (m)
     due ragazze inglesi (f)

Possessive adjectives (my, your, etc.)

* They are usually accompanied by the definite article following this order:
  article + possessive + noun.
  e.g. **il mio ragazzo** (my boyfriend); **la mia ragazza** (my girlfriend)

* They agree in gender and number with the noun they refer to and they usually come before the noun.
  e.g. **il mio** (m) **ragazzo** (m); **la mia** (f) **ragazza** (f)

	Singular		Plural	
	Masculine	Feminine	Masculine	Feminine
my	**il mio**	**la mia**	**i miei**	**le mie**
your (informal)	**il tuo**	**la tua**	**i tuoi**	**le tue**
your (formal)	**il Suo**	**la Sua**	**i Suoi**	**le Sue**
his/her/its	**il suo**	**la sua**	**i suoi**	**le sue**
our	**il nostro**	**la nostra**	**i nostri**	**le nostre**
your (inf. pl.)	**il vostro**	**la vostra**	**i vostri**	**le vostre**
your (form. pl.)	**il Loro**	**la Loro**	**i Loro**	**le Loro**
their	**il loro**	**la loro**	**i loro**	**le loro**

* However, the article is omitted when the possessive adjectives refer to family members in the singular.
  e.g. <u>**mio**</u> **padre** my father   <u>**mia**</u> **madre** my mother   <u>**tuo**</u> **fratello** your brother.

Adverbs

Adverbs are invariable. Usually they precede adjectives and follow the verb.

Adverbs of place		Used as prepositions	
qui	here		
lì	there		
accanto	nearby	**accanto a**	next to
di fronte	opposite	**di fronte a**	opposite (to)
dietro	behind	**dietro a**	behind
in fondo	at the end	**in fondo a**	at the end of
vicino	near	**vicino a**	near (to)
lontano	far away	**lontano da**	far away from
a sinistra	on the left	**a sinistra di**	on/to the left of
a destra	on the right	**a destra di**	on/to the right of

e.g. **Il cinema è accanto.** The cinema is nearby.

I negozi sono lontano. The shops are far away.

Adverbs of frequency

sempre	always
molto spesso	very often
spesso	often
qualche volta	sometimes
ogni tanto	every now and then
quasi mai	almost never
mai	never

e.g. **Antonia va spesso in Italia.** Antonia goes to Italy often.

Marco e Luigi vanno molto spesso in Francia. Marco and Luigi go to France very often.

Adverbs of quantity

troppo	too much/too
molto	a lot/very much/very
abbastanza	quite
poco	a little

e.g. **Angela è molto intelligente.** Angela is very clever.

Anna e Sara sono molto simpatiche. Anna and Sara are very nice.

Personal pronouns

Subject pronouns

• Subject pronouns (the words for 'I', 'you', etc.) are normally omitted, because, unlike English, the ending of the verb tells you immediately who/what the subject is.

e.g. **Parlo spagnolo.** I speak Spanish.

Parli francese? Do you speak French?

When used, the subject pronouns are:

io	(I)
tu	(you informal)
Lei	(you formal)
lui	(he)
lei	(she)
noi	(we)
voi	(you)
loro	(they)

Direct object pronouns

- Direct object pronouns take the place of the direct object.

  e.g. **Ogni giorno compro il giornale.** I buy the newspaper every day.

  '**Il giornale**' is the direct object. What do I buy every day? '**Il giornale**'.

  e.g. **Lo compro ogni giorno.** I buy it every day.

  '**Lo**' stands for '**il giornale**' and is a direct object pronoun.

- The direct object pronouns are:

	Singular			Plural
mi	me		**ci**	us
ti	you (informal)		**vi**	you (informal)
La	you (formal)		**Li** (m), **Le** (f)	you (formal)
lo	him, it		**li** (m)	them
la	her, it		**le** (f)	them

- Unlike English, the direct object pronouns come before the verb.

  e.g. **Lo compro ogni giorno.** I buy it every day.

- The direct object pronouns '**lo**' and '**la**' are frequently elided before verbs starting with a vowel or with an 'h'. The other direct object pronouns are never elided.

  e.g. **Ascolti mai la radio?** Do you ever listen to the radio?

  Sì, l'ascolto sempre. Yes, I always listen to it.

Indirect object pronouns

- Indirect object pronouns take the place of the indirect object. The indirect object answers the implied questions 'to whom?' or 'for whom?'

  e.g. **Che cosa regali a Carla per Natale?** What will you give Carla for Christmas?

  Le regalo un CD. I will give her a CD.

  '**a Carla**' is the indirect object; '**le**' stands for '**a Carla**' and is the indirect object pronoun.

- The indirect object pronouns are:

	Singular			Plural
mi	(to) me		**ci**	(to) us
ti	(to) you (informal)		**vi**	(to) you (informal)
Le	(to) you (formal)		**Loro**	(to) you (formal)
gli	(to) him		**gli/loro**	(to) them (f/m)
le	(to) her			

Note that **gli** (third person plural) is used more often than **loro**, especially in speech.

Grammar summary

- Unlike English, the indirect object pronouns come before the verb except for **loro**.
  e.g. **Le scrivo ogni settimana.** I write to her every week.
      Scrivo loro ogni domenica. I write to them every Sunday.

- The indirect object pronouns are never elided.
  e.g. **Vi insegno l'italiano.** I teach you (pl) Italian.

- Note that many verbs that in English take a direct object require an indirect object in Italian.
  e.g. **Le telefono alle tre.** I will call her at three.

Reflexive pronouns

- They precede the verb except with the infinitive and the imperative.
  e.g. **Mi alzo tutti i giorni alle sei.** I get up at six every day.
      È tardi, è ora di alzarsi. It is late, it is time to get up.
      Alzati, sei in ritardo. Get up, you are late.

mi	myself
ti	yourself (informal)
si	himself/herself/yourself (formal)
ci	ourselves
vi	yourselves
si	themselves

Interrogatives

Interrogative adjectives and pronouns

Chi? Who?	e.g. **Chi è?** Who is it?
Che cosa? What?	e.g. **Che cosa bevi?** What are you drinking?
Che? What/Which?	e.g. **Che ora è?** What time is it?
	Che lingue parli? Which languages do you speak?
Quanto? How much?	e.g. **Quanto costa?** How much is it?
Quale? Which?	e.g. **Quale città italiana preferisci?** Which Italian city do you prefer?

Note: **Qual è il tuo indirizzo?** What is your address?

Interrogative adverbs

Perché? Why?	e.g. **Perché non studi?** Why don't you study?
Quando? When?	e.g. **Quando vieni?** When are you coming?
Dove? Where?	e.g. **Dove vai?** Where are you going?
Come? How?	e.g. **Come stai?** How are you?

Prepositions

Prepositions cannot be translated literally. The most common prepositions are:

di	of, from	e.g	**un bicchiere di vino** a glass of wine
			Sono di Londra. I'm from London.
a	to, in	e.g.	**Vado a Roma.** I'm going to Rome.
			Abito a Londra. I live in London.
da	from, to	e.g.	**Vengo da casa mia.** I'm coming from home.
			Vado da mia zia. I'm going to my aunt's.
in	in, to	e.g.	**Abito in Italia.** I live in Italy.
			Vado in Francia. I'm going to France.
con	with	e.g.	**Esco con i miei amici.** I'm going out with my friends.
su	on/about	e.g.	**Il film è su Gandhi.** The film is about Gandhi.
per	for	e.g.	**Il regalo è per Maria.** The present is for Maria.
tra/fra	between, among	e.g.	**L'università si trova tra il parco e la chiesa.** The university is situated between the park and the church.

Combined prepositions

• The basic prepositions **di**, **a**, **da**, **in**, **su**, contract and combine with the definite article to form a single word. The chart below shows you the most widely used combinations.

• The prepositions **con** ('with') and **tra/fra** ('between') do not usually contract and combine with the definite article.

	il	lo	l'	la	i	gli	le	
a	al	allo	all'	alla	ai	agli	alle	to/at/in/on the
di	del	dello	dell'	della	dei	degli	delle	of the
da	dal	dallo	dall'	dalla	dai	dagli	dalle	from the
in	nel	nello	nell'	nella	nei	negli	nelle	in/to the
su	sul	sullo	sull'	sulla	sui	sugli	sulle	on the

Negatives

To make a negative sentence **non** always precedes the verb.

e.g. **Non sono inglese.** I am not English.
    Non parlo italiano. I don't speak Italian.

Questions

Unlike English there is no change of word order in the interrogative form. A rising intonation in the spoken language and a question mark in the written language will indicate a question is being asked.

e.g. **Anna è sposata.** Anna is married.
    Anna è sposata? Is Anna married?

Grammar summary

Verbs

Italian has three main verb patterns: **-are**, **-ere**, **-ire**.
e.g. torn**are** prend**ere** dorm**ire**

Present tense

- Regular verbs

  The present tense of regular verbs is formed by dropping the infinitive ending **-are**, **-ere**, **-ire** and adding the following endings to the verb stem:

	torn**are**	prend**ere**	dorm**ire**	prefer**ire***
(io I)	torn**o**	prend**o**	dorm**o**	prefer**isco**
(tu you)	torn**i**	prend**i**	dorm**i**	prefer**isci**
(lui/lei he/she/it)	torn**a**	prend**e**	dorm**e**	prefer**isce**
(noi we)	torn**iamo**	prend**iamo**	dorm**iamo**	prefer**iamo**
(voi you plural)	torn**ate**	prend**ete**	dorm**ite**	prefer**ite**
(loro they)	torn**ano**	prend**ono**	dorm**ono**	prefer**iscono**

  * Some **-ire** verbs are like **preferire**: **capire, finire, pulire, spedire.**

- Reflexive verbs

  The regular reflexive verbs are conjugated like any other regular verb. However, you must remember to add the reflexive pronoun (**mi**, **ti**, etc.) in front of each person.

	alz**arsi**		mett**ersi**		vest**irsi**	
(io)	**mi**	alz**o**	**mi**	mett**o**	**mi**	vest**o**
(tu)	**ti**	alz**i**	**ti**	mett**i**	**ti**	vest**i**
(lui/lei)	**si**	alz**a**	**si**	mett**e**	**si**	vest**e**
(noi)	**ci**	alz**iamo**	**ci**	mett**iamo**	**ci**	vest**iamo**
(voi)	**vi**	alz**ate**	**vi**	mett**ete**	**vi**	vest**ite**
(loro)	**si**	alz**ano**	**si**	mett**ono**	**si**	vest**ono**

- Verbs ending in **-orre** and **-urre**

  Verbs ending in in **-orre** and **-urre** have the following pattern.

	prop**orre**	trad**urre**
(io)	prop**ongo**	trad**uco**
(tu)	prop**oni**	trad**uci**
(lui/lei)	prop**one**	trad**uce**
(noi)	prop**oniamo**	trad**uciamo**
(voi)	prop**onete**	trad**ucete**
(loro)	prop**ongono**	trad**ucono**

- <u>Irregular verbs</u>

Here is the present tense of some irregular verbs.

	andare	**fare**	**uscire**
(io)	vado	faccio	esco
(tu)	vai	fai	esci
(lui/lei)	va	fa	esce
(noi)	andiamo	facciamo	usciamo
(voi)	andate	fate	uscite
(loro)	vanno	fanno	escono

	venire	**dare**	**bere**
(io)	vengo	do	bevo
(tu)	vieni	dai	bevi
(lui/lei)	viene	dà	beve
(noi)	veniamo	diamo	beviamo
(voi)	venite	date	bevete
(loro)	vengono	danno	bevono

- <u>Auxiliary verbs</u>

	essere	**avere**
(io)	sono	ho
(tu)	sei	hai
(lui/lei)	è	ha
(noi)	siamo	abbiamo
(voi)	siete	avete
(loro)	sono	hanno

- <u>Modal verbs:</u> **potere, volere, dovere**

They are followed by the infinitive.

   e.g. **Posso venire da te?** Can I come to your place?

      Voglio imparare l'italiano. I want to learn Italian.

      Devo andare dal dentista. I have to go to the dentist.

	potere	**volere**	**dovere**
(io)	posso	voglio	devo
(tu)	puoi	vuoi	devi
(lui/lei)	può	vuole	deve
(noi)	possiamo	vogliamo	dobbiamo
(voi)	potete	volete	dovete
(loro)	possono	vogliono	devono

Passato prossimo

It is a compound tense made up of the present tense form of **avere** or **essere** plus the past participle of the main verb.

- The past participle (**participio passato**) of regular verbs is formed by adding the endings **-ato, -uto, -ito** to the stem.

infinitive	past participle
cant**are**	cant**ato**
vend**ere**	vend**uto**
part**ire**	part**ito**

- The past participle of verbs conjugated with **avere** does not agree with the subject.

	comprare
(io)	ho comprato
(tu)	hai comprato
(lui/lei)	ha comprato
(noi)	abbiamo comprato
(voi)	avete comprato
(loro)	hanno comprato

As a general rule, transitive verbs, i.e. verbs taking a direct object, take **avere**. Note that the following intransitive verbs also take the auxiliary **avere**: **ridere** – to laugh, **dormire** – to sleep, **passeggiare** – to walk, **sciare** – to ski, **viaggiare** – to travel, **nuotare** – to swim.

- The past participle of verbs conjugated with **essere** agrees with the subject.

	partire
(io)	sono partito/a
(tu)	sei partito/a
(lui/lei)	è partito/a
(noi)	siamo partiti/e
(voi)	siete partiti/e
(loro)	sono partiti/e

Intransitive verbs, i.e. verbs used without a direct object, take the auxiliary **essere**. Here are some examples: **cadere** – to fall, **nascere** – to be born, **morire** – to die, **salire** – to climb, **diventare** – to become, **stare** – to be/stay, **rimanere** – to remain, **andare** – to go, **uscire** – to go out.

- Reflexive verbs always take **essere**.

	lavarsi
(io)	mi sono lavato/a
(tu)	ti sei lavato/a
(lui/lei)	si è lavato/a
(noi)	ci siamo lavati/e
(voi)	vi siete lavati/e
(loro)	si sono lavati/e

The imperative

The imperative is used to give instructions, orders and to make strong suggestions. There are two types of imperative: Informal and Formal.

- Informal imperative (**tu/voi**)

  The forms of the informal imperative of all verbs are the same as those of the present tense. The exception is the **tu** form of the verbs ending in **-are** which always end in **-a** in the imperative form.

  The imperative forms are:

	scus**are**	prend**ere**	part**ire**	cap**ire**
(**tu** you singular)	scus**a**	prend**i**	part**i**	cap**isci**
(**voi** you plural)	scus**ate**	prend**ete**	part**ite**	cap**ite**

- Formal imperative (**Lei/Loro**)

  The forms of the formal imperative are:

	scus**are**	prend**ere**	part**ire**	cap**ire**
(**Lei** you singular)	scus**i**	prend**a**	part**a**	cap**isca**
(**Loro** you plural)	scus**ino**	prend**ano**	part**ano**	cap**iscano**

  In contemporary usage, the **voi** form is preferred to the **Loro** form of the imperative.

- Irregular imperative

	avere	essere	andare	dare	dire	fare	stare	venire
(tu)	abbi	sii	va'/vai	da'/dai	di'	fa'/fai	sta'/stai	vieni
(voi)	abbiate	siate	andate	date	dite	fate	state	venite
(Lei)	abbia	sia	vada	dia	dica	faccia	stia	venga
(Loro)	abbiano	siano	vadano	diano	dicano	facciano	stiano	vengano

- Negative form

  The negative **tu** form is expressed with **non** + infinitive.

  e.g. **Non andare via!** Don't go away!

  The negative **voi**, **Lei** and **Loro** forms are the same as the affirmative preceded by **non**.

  e.g. **Non vada via.**

  Non andate via.

  Non vadano via.

The verb *piacere*

The verb **piacere** means 'to like something or somebody'.

- Notice the two different constructions:

  1) **mi/ti/Le … piace** + infinitive

     where **piacere** is used only in the third person singular.

     e.g. **Mi piace dormire.** I like sleeping.

Grammar summary

2) **mi/ti/Le … piace** + singular noun
   mi/ti/Le … piacciono + plural noun
   where **piacere** is used in the third person singular (**piace**) or third person plural (**piacciono**) according to whether the noun that follows is singular or plural.
   e.g. **Mi piace l'italiano.** I like Italian.
   e.g. **Mi piacciono gli italiani.** I like Italians.

Remember that:
In the questions **ti piace/piacciono** is informal.
                    Le piace/piacciono is formal.
In the negative **non** comes before **mi/ti/Le** … e.g. <u>Non</u> **mi piace la grammatica.**

- The **passato prossimo** of **piacere** takes the auxiliary **essere**.

  mi è piaciuto/a   mi sono piaciuti/e
  ti è piaciuto/a   ti sono piaciuti/e
  gli/le è piaciuto/a   gli/le sono piaciuti/e
  ci è piaciuto/a   ci sono piaciuti/e
  vi è piaciuto/a   vi sono piaciuti/e
  gli è piaciuto/a   gli sono piaciuti/e

  Note that the past participle **piaciuto** agrees in number and gender with the thing that is liked.
  e.g. **Il film mi è piaciut<u>o</u>.** I liked the film.
  La città mi è piaciut<u>a</u>. I liked the city.
  Gli attori mi sono piaciut<u>i</u>. I liked the actors.
  Le attrici mi sono piaciut<u>e</u>. I liked the actresses.

- The negative of **piacere** is **non piacere** (**Mi dispiace** means: I'm sorry).
  e.g. **Non mi piace Londra.** I don't like London.
  Non mi è piaciuta la festa. I did not like the party.

Da quanto tempo …? How long …?/Since when …?

This expression indicates duration. Whereas in English 'How long' takes the present perfect, in Italian 'da quanto tempo' takes the present tense.
e.g. **Da quanto tempo abiti a Roma?** How long have you been living in Rome?

Expressions with the infinitive

Penso di + infinitive, e.g. **Penso di andare al mare tra due settimane.** I am thinking of going to the seaside in two weeks' time.

Avere bisogno di + infinitive, e.g. **Hai bisogno di riposare!** You need to rest!

Decidere di + infinitive, e.g. **Ho deciso di tornare in Italia.** I have decided to return to Italy.

Sperare di + infinitive, e.g. **Spero di vederti presto.** I hope to see you soon.

Non vedere l'ora di + infinitive, e.g. **Non vedo l'ora di finire l'università.** I can't wait to finish university.

Andare a + infinitive, e.g. **Perché non andiamo a ballare stasera?** Why don't we go dancing tonight?

Cominciare a + infinitive, e.g. **Lunedì comincio a lavorare.** I start work on Monday.

VERB TABLES

Auxiliaries

Infinitive	Present	Perfect	Imperfect	Future	Conditional
essere	sono sei è siamo siete sono	sono stato/a sei stato/a è stato/a siamo stati/e siete stati/e sono stati/e	ero eri era eravamo eravate erano	sarò sarai sarà saremo sarete saranno	sarei saresti sarebbe saremmo sareste sarebbero
avere	ho hai ha abbiamo avete hanno	ho avuto hai avuto ha avuto abbiamo avuto avete avuto hanno avuto	avevo avevi aveva avevamo avevate avevano	avrò avrai avrà avremo avrete avranno	avrei avresti avrebbe avremmo avreste avrebbero

Regular verbs

Infinitive	Present	Perfect	Imperfect	Future	Conditional
am**are**	amo ami ama amiamo amate amano	ho amato hai amato ha amato abbiamo amato avete amato hanno amato	amavo amavi amava amavamo amavate amavano	amerò amerai amerà ameremo amerete ameranno	amerei ameresti amerebbe ameremmo amereste amerebbero
mangi**are**	mangio mangi mangia mangiamo mangiate mangiano	ho mangiato hai mangiato ha mangiato abbiamo mangiato avete mangiato hanno mangiato	mangiavo mangiavi mangiava mangiavamo mangiavate mangiavano	mangerò mangerai mangerà mangeremo mangerete mangeranno	mangerei mangeresti mangerebbe mangeremmo mangereste mangerebbero
vend**ere**	vendo vendi vende vendiamo vendete vendono	ho venduto hai venduto ha venduto abbiamo venduto avete venduto hanno venduto	vendevo vendevi vendeva vendevamo vendevate vendevano	venderò venderai venderà venderemo venderete venderanno	venderei venderesti venderebbe venderemmo vendereste venderebbero
cad**ere**	cado cadi cade cadiamo cadete cadono	sono caduto/a sei caduto/a è caduto/a siamo caduti/e siete caduti/e sono caduti/e	cadevo cadevi cadeva cadevamo cadevate cadevano	cadrò* cadrai cadrà cadremo cadrete cadranno	cadrei* cadresti cadrebbe cadremmo cadreste cadrebbero

*Some verbs drop the vowel **e** from the ending (**erò → rò**; **erei → rei**)

Verb tables

Infinitive	Present	Perfect	Imperfect	Future	Conditional
part**ire**	parto	sono partito/a	partivo	partirò	partirei
	parti	sei partito/a	partivi	partirai	partiresti
	parte	è partito/a	partiva	partirà	partirebbe
	partiamo	siamo partiti/e	partivamo	partiremo	partiremmo
	partite	siete partiti/e	partivate	partirete	partireste
	partono	sono partiti/e	partivano	partiranno	partirebbero
fin**ire**	finisco	ho finito	finivo	finirò	finirei
	finisci	hai finito	finivi	finirai	finiresti
	finisce	ha finito	finiva	finirà	finirebbe
	finiamo	abbiamo finito	finivamo	finiremo	finiremmo
	finite	avete finito	finivate	finirete	finireste
	finiscono	hanno finito	finivano	finiranno	finirebbero

Verbs in -orre and -urre

Infinitive	Present	Perfect	Imperfect	Future	Conditional
comp**orre**	compongo	ho composto	componevo	comporrò	comporrei
	componi	hai composto	componevi	comporrai	comporresti
	compone	ha composto	componeva	comporrà	comporrebbe
	componiamo	abbiamo composto	componevamo	comporremo	comporremmo
	componete	avete composto	componevate	comporrete	comporreste
	compongono	hanno composto	componevano	comporranno	comporrebbero
p**orre**	pongo	ho posto	ponevo	porrò	porrei
	poni	hai posto	ponevi	porrai	porresti
	pone	ha posto	poneva	porrà	porrebbe
	poniamo	abbiamo posto	ponevamo	porremo	porremmo
	ponete	avete posto	ponevate	porrete	porreste
	pongono	hanno posto	ponevano	porranno	porrebbero
cond**urre**	conduco	ho condotto	conducevo	condurrò	condurrei
	conduci	hai condotto	conducevi	condurrai	condurresti
	conduce	ha condotto	conduceva	condurrà	condurrebbe
	conduciamo	abbiamo condotto	conducevamo	condurremo	condurremmo
	conducete	avete condotto	conducevate	condurrete	condurreste
	conducono	hanno condotto	conducevano	condurranno	condurrebbero
trad**urre**	traduco	ho tradotto	traducevo	tradurrò	tradurrei
	traduci	hai tradotto	traducevi	tradurrai	tradurresti
	traduce	ha tradotto	traduceva	tradurrà	tradurrebbe
	traduciamo	abbiamo tradotto	traducevamo	tradurremo	tradurremmo
	traducete	avete tradotto	traducevate	tradurrete	tradurreste
	traducono	hanno tradotto	traducevano	tradurranno	tradurrebbero

Some irregular verbs

Infinitive	Present	Perfect	Imperfect	Future	Conditional
andare	vado vai va andiamo andate vanno	sono andato/a sei andato/a è andato/a siamo andati/e siete andati/e sono andati/e	andavo andavi andava andavamo andavate andavano	andrò andrai andrà andremo andrete andranno	andrei andresti andrebbe andremmo andreste andrebbero
bere	bevo bevi beve beviamo bevete bevono	ho bevuto hai bevuto ha bevuto abbiamo bevuto avete bevuto hanno bevuto	bevevo bevevi beveva bevevamo bevevate bevevano	berrò berrai berrà berremo berrete berranno	berrei berresti berrebbe berremmo berreste berrebbero
dare	do dai dà diamo date danno	ho dato hai dato ha dato abbiamo dato avete dato hanno dato	davamo davate davamo davamo davate davano	darò darai darà daremo darete daranno	darei daresti darebbe daremmo dareste darebbero
dire	dico dici dice diciamo dite dicono	ho detto hai detto ha detto abbiamo detto avete detto hanno detto	dicevo dicevi diceva dicevamo dicevate dicevano	dirò dirai dirà diremo direte diranno	direi diresti direbbe diremmo direste direbbero
dovere	devo/debbo devi deve dobbiamo dovete debbono	ho dovuto hai dovuto ha dovuto abbiamo dovuto avete dovuto hanno dovuto	dovevo dovevi doveva dovevamo dovevate dovevano	dovrò dovrai dovrà dovremo dovrete dovranno	dovrei dovresti dovrebbe dovremmo dovreste dovrebbero
fare	faccio fai fa facciamo fate fanno	ho fatto hai fatto ha fatto abbiamo fatto avete fatto hanno fatto	facevo facevi faceva facevamo facevate facevano	farò farai farà farete faremo faranno	farei faresti farebbe faremmo fareste farebbero
leggere	leggo leggi legge leggiamo leggete leggono	ho letto hai letto ha letto abbiamo letto avete letto hanno letto	leggevo leggevi leggeva leggevamo leggevate leggevano	leggerò leggerai leggerà leggeremo leggerete leggeranno	leggerei leggeresti leggerebbe leggeremmo leggereste leggerebbero

Verb tables

Infinitive	Present	Perfect	Imperfect	Future	Conditional
piacere	piaccio piaci piace piacciamo piacete piacciono	sono piaciuto/a sei piaciuto/a è piaciuto/a siamo piaciuti/e siete piaciuti/e sono piaciuti/e	piacevo piacevi piaceva piacevamo piacevate piacevano	piacerò piacerai piacerà piaceremo piacerete piaceranno	piacerei piaceresti piacerebbe piaceremmo piacereste piacerebbero
potere	posso puoi può possiamo potete possono	ho potuto hai potuto ha potuto abbiamo potuto avete potuto hanno potuto	potevo potevi poteva potevamo potevate potevano	potrò potrai potrà potremo potrete potranno	potrei potresti potrebbe potremmo potreste potrebbero
sapere	so sai sa sappiamo sapete sanno	ho saputo hai saputo ha saputo abbiamo saputo avete saputo hanno saputo	sapevo sapevi sapeva sapevamo sapevate sapevano	saprò saprai saprà sapremo saprete sapranno	saprei sapresti saprebbe sapremmo sapreste saprebbero
venire	vengo vieni viene veniamo venite vengono	sono venuto/a sei venuto/a è venuto/a siamo venuti/e siete venuti/e sono venuti/e	venivo venivi veniva venivamo venivate venivano	verrò verrai verrà verremo verrete verranno	verrei verresti verrebbe verremmo verreste verrebbero
volere	voglio vuoi vuole vogliamo volete vogliono	ho voluto hai voluto ha voluto abbiamo voluto avete voluto hanno voluto	volevo volevi voleva volevamo volevato volevano	vorrò vorrai vorrà vorremo vorrete vorranno	vorrei vorresti vorrebbe vorremmo vorreste vorrebbero

VOCABULARY

Nouns ending in -o are nearly all masculine and those ending in -a nearly all feminine: the gender is given here only for the exceptions. The gender of all other nouns is given.

m=masculine; f=feminine; m/f=masculine or feminine as appropriate.

a	at, in (prep)
a bordo	on board
a che ora?	at what time?
a destra di	on the right of
a me sì/anche a me	I do/so do I
a parte	separately
a presto	see you soon
a proposito	by the way
a sinistra di	on the left of
abbastanza	quite/enough
abitante (m)	inhabitant
abitare	to live
accanto a	next to
accedere	to have access to, to enter
accludere	to attach
accogliente	cosy
accompagnatore turistico	tourist guide
acqua minerale	mineral water
acquistare	to buy
addormentarsi	to fall asleep
adesso	now
affittare	to rent
affitto	rent
affollato	crowded
agente di polizia (m/f)	policeman/woman
agenzia di viaggi	travel agency
agenzia immobiliare	estate agent
agosto	August
aiutare	to help
albanese	Albanian
albergo	hotel
alfabeto	alphabet
algerino	Algerian
all'estero	abroad
allegro	cheerful
alloggio	accommodation
alto	tall
altro	other
altruista	selfless
amaca	hammock
amaro	digestive (lit. bitter)
ambiente	environment
ambizioso	ambitious
americano	American

amicizia	friendship
amico	friend
amore (m)	love
ampio	large
anche	also/too
anche per me	for me too
ancora	again
andare	to go
andare a cena fuori	to go out to dinner
andare a dormire	to go to bed
andare a lezione	to go to class
andare all'università	to go to college
andare all'estero	to go abroad
andare in bicicletta	to go cycling
andare/venire a trovare	to visit
angolo	corner
animale (m)	animal/pet
animatore/animatrice	entertainer
anno	year
annoiato	bored
annuncio	advert
anticipo	advance
antico	old/antique
antipasto	starter
antipatico	unpleasant
anzi	on the contrary
anziano	elderly
aperitivo	aperitif
aperto	open/friendly
appartamento	flat/apartment
appena	as soon as/just
aprile	April
aprire	to open
aranciata	orangeade
arancione	orange
architetto	architect
architettura	architecture
archivio	archive
argentino	Argentinean
aria condizionata	air conditioning
arido	arid/dry
arieggiato	airy
armadio	wardrobe
arrivare	to arrive
arrivederci	good bye (inf/for)
arrivederla	good bye (very for)
arrogante	arrogant
artificiale	artificial
artista (m/f)	artist
artista in erba	a budding artist
ascensore (m)	lift/elevator
asciugamano	towel
ascoltare	to listen to

Vocabulary

aspettare	to wait	borsa di studio	scholarship
assistente sociale (m/f)	social worker	braccio	arm
assomigliare	to look like	brasiliano	Brazilian
astemio/a	teetotaller	brullo	bare
attirare	to attract	bruno	brown/dark
attore/attrice	actor/actress	brutto	ugly
attraversare	to cross	bugia	lie
audizione (f)	audition	bugiardo	liar
aumento	increase	buio	darkness
australiano	Australian	buonanotte	good night
austriaco	Austrian	buonasera	good evening
autobus (m)	bus	buongiorno	good morning
avanzo	leftover		
avere	to have	c'è	there is
avere bisogno di	to need	cabina telefonica	telephone booth
avere fame	to be hungry	caffè (m)	coffee
avere paura	to be afraid	caffè corretto	laced coffee
avere sete	to be thirsty	caffè decaffeinato	decaffeinated coffee
avere sonno	to be sleepy	caffè macchiato	coffee with a dash of
avere voglia di	to be in the mood for		milk
azzurro	light blue	calamari (pl)	squid
		calciatore (m)	football player
baciare	to kiss	calcio	football
baffi (pl)	moustache	caldo	hot
bagno	bathroom	calmo	calm
balcone (m)	balcony	calvo	bald
ballare	to dance	camera	room
bambino	child	camera da letto	bedroom
banca	bank	camera doppia	double room
bancomat (m)	cash dispenser	camera singola	single room
bar	café	camera tripla	triple room
barba	beard	cameriere/a	waiter/waitress
basso	short	campagna	countryside
battello	boat	campo da tennis	tennis court
belga	Belgian	canadese	Canadian
bellissimo	very attractive	canale (m)	canal
ben coltivato	cultivated	cantare	to sing
benissimo	very well	canzone (f)	song
bere	to drink	caotico	chaotic
bianco	white	capelli (pl)	hair
biblioteca	library	capo	boss
bicicletta	bicycle	Capodanno	New Year's Day
bidè (m)	bidet	cappello	hat
biennio	a period of two years	caratteristica	characteristic
bifamiliare	semi-detached	caricatura	caricature
biglietto	ticket	carino	nice, pleasant
biglietto di andata	return ticket	carissimo/a	dearest
e ritorno		carne (f)	meat
binario	platform	caro	dear/expensive
biologia	biology	carriera	career
biologo/a	biologist	casa	home/house
biondo	blond	casalinga	housewife
birra	beer	cassetto	drawer
bistecca	beefsteak	castano	brown
blu	dark blue	cauzione (f)	deposit
bontà	goodness	cellulare (m)	mobile phone
borsa	bag	cena	dinner/supper

cenare	to have dinner/supper	corridoio	corridor
centrale	central	corso	course
cercare	to look for	corteggiare	to court
cercare di	to try	corto	short
cercasi	wanted	costare	to cost
certo	of course	cucina	cuisine/kitchen/cooker
che?	what?	cucinare	to cook
che	which/that	cuore (m)	heart
che cosa?	what?	curriculum (m)	CV
che noia!	how boring!		
che peccato!	what a pity/shame!		
cherubino	cherub	da	for/since/from/at
chiamarsi	to be called	da bere?	anything to drink?
chiaro	light	da queste parti	nearby
chiesa	church	danese	Danish
chimica	chemistry	dare su	to open onto
chiudere	to close	davanti a	in front of
chiuso	closed/shut down	davvero	really
ci sono	there are	decorazione (f)	decoration
ciao	hi, hello/goodbye (inf)	decorazioni natalizie	Christmas decorations
cielo	sky	degrado	degradation/decline
cinese	Chinese	delfino	dolphin
cioccolata	chocolate	dentista (m/f)	dentist
circondare	to surround	deprimente	depressing
città	city/town	descrivere	to describe
città di provenienza	place of origin	desidera?	what would you like?
città natale	home town, birthplace	desiderare	to wish
clima (m)	climate/weather	di	from, of
coda di cavallo	pony-tail	di dove?	where from?
colazione (f)	breakfast	di fianco a	next to
collega	colleague	di fronte a	opposite
colloquio	interview	di media statura	of medium height
colorato	colourful	di solito	usually
colore (m)	colour	dicembre	December
come	how	dieta	diet
come al solito	as usual	dietro (a)	behind
come stai?	how are you?	difficile	difficult
come va?	how is it going?	difficoltà	difficulty
cominciare	to begin/to start	dinamico	dynamic
commedia	play	dipingere	to paint
commerciante (m/f)	shopkeeper	dire	to tell/to say
commesso/a	shop assistant	discipline (pl) di area comune	core subjects
comodino	bedside table		
compagno/a di corso	classmate	disco	record
(i) compiti (pl.)	homework	discoteca	discotheque
compleanno	birthday	disfunzione cardiaca (f)	heart condition
complesso	complex	disoccupato	unemployed
complicato	complicated	disordinato	untidy
compositore	composer	distrarsi	to be distracted
comprare	to buy	distributore (m)	petrol station
con	with	divano	sofa
condizione (f)	condition	divano-letto	sofa bed
conoscere	to meet	diventare	to become
consistere (di)	to consist (of)	diverso	different
contorno	side dish	divertirsi	to enjoy oneself/ to have fun
controfigura	understudy		
coppia	couple, pair	dividere	to share
cornetto	croissant	divorziato	divorced

173

Vocabulary

doccia	shower
dolce (m)	sweet/dessert
domanda	question
domandare	to ask/enquire
domani	tomorrow
domenica	Sunday
donna	woman
dopo	after
dopodomani	the day after tomorrow
dormire	to sleep
dove?	where?
dovere	to have to/must
dritto	straight on
durante	during
e	and
ebraico	Jewish
ecco	here is
economia	economics
edicola	newspaper kiosk
egoista	egoist/selfish
egiziano	Egyptian
elegante	elegant
enorme	huge
eremita	hermit
esame (m)	exam
esattamente	exactly
esperienza	experience
esperto	experienced
essere	to be
essere a dieta	to be on a diet
essere assunto	to be appointed/ employed
essere in crisi	to be in crisis
essere innamorato (di)	to be in love (with)
essere iscritto	to be enrolled
essere stufo	to be fed up
estero	abroad
estroverso	extrovert
età	age
eterno	eternal
evento	event/occasion
fa	ago
fa freddo	it's cold
facciamo alle 8	let's say at 8 o'clock
facile	easy
facoltà	faculty
falegname	carpenter
famiglia	family
fare	to do/to make
fare colazione	to have breakfast
fare fotografie	to take photographs
fare la spesa	to do the shopping
fare pratica	to practise
fare un giro	to go around

fare una festa	to have a party
fare una passeggiata	to go for a walk
farmacia	pharmacy
febbraio	February
fedeltà	faithfulness
fermata	stop
fermoposta	PO Box
festa	party
figlia	daughter
figlio	child/son
film giallo (m)	thriller
filosofia	philosophy
finesettimana (m)	weekend
finestra	window
finire	to finish
fino a	until/as far as
fino a tardi	till late
fiore (m)	flower
fisica	physics
fisico	physical
formaggio	cheese
forno	oven
forno a micro-onde	microwave oven
fotografia	photo
fra	between
fragola	strawberry
francese	French
fratello	brother
freddo	cold
frequentare	to attend
frigorifero	fridge
fruttivendolo	greengrocer
fumare	to smoke
fuori	out/outside
fuori corso	a student who is repeating one or more academic years
gallese	Welsh
gamberetti (pl)	shrimps
garage	garage
gatto	cat
gelato	ice cream
gelido	ice-cold
gemello	twin
genio	genius
gennaio	January
gente (f)	people
gentile	kind
genuino	genuine
ghiaccio	ice
ghiro	dormouse
giacca	jacket
giallo	yellow
giapponese	Japanese
giardino	garden
giocare	to play

gioco	game
giornale (m)	newspaper
giorno	day
giovane	young
giovanile	youthful
giovedì	Thursday
giro	tour
gita	excursion/trip
giugno	June
giusto	right
gli	the (def. article m. pl.), to him, to them
gnomo	gnome
godersi la vita	to enjoy life
grasso	fat
grassottello	chubby
grazie a	thanks to
grazie	thanks
greco	Greek
grigio	grey
guadagnare	to earn
guardare la TV	to watch television
i	the (def article m. pl.)
il	the (def. article m. sing.)
ideale	ideal
ieri	yesterday
l'altro ieri	day before yesterday
il più piccolo/ la più piccola	the youngest
il/la più giovane	the youngest
imparare	to learn
impegnativo	demanding
impegno	commitment
impersonale	impersonal
impiegato/a	white collar worker
impiegato/a statale	civil servant/clerk
impiego	job
in	in, at
in alto	up/above
in fondo a	at the end/bottom of
in punto	on the dot
in seguito	then
inaugurare	to open officially, to initiate
incarico	task
incluso	included
incolto	unkempt
incontentabile	difficult to please
incontrare	to meet
incontro	meeting
incrocio	crossroads
indiano	Indian
indirizzo	address
indovinare	to guess
industriale	industrial

infermiere/a	nurse
influenza	influence
influenzare	to influence
informatica	computing
ingegnere (m)	engineer
ingegneria	engineering
inglese	English
ingresso	hall
innaffiare le piante	to water the plants
insalata	salad
insegnante (m/f)	teacher
insegnare	to teach
insieme	together
insipido	insipid/tasteless
insoddisfatto	dissatisfied
insomma	in a nutshell
intelligente	intelligent
inutilmente	in vain
invece	on the contrary/ instead of
irlandese	Irish
islandese	Icelandic
isola	island
isolato	isolated
istituto privato	private school
Italia	Italy
italiano	Italian
l'	the (def. article f. m. sing.), it, him, her
la	the (def. article f. sing.), it, her
labirinto	labyrinth
lago	lake
lampada	lamp
lampadario	lampshade
largo	wide
lasciare il lavoro	to resign
lavandino	wash basin
lavare i piatti	to do the washing up
lavarsi	to wash oneself
lavastoviglie (f)	dishwasher
lavatrice (f)	washing machine
lavello	kitchen sink
lavorare	to work
lavoro	job/work
lavoro estivo	summer job
lavoro fisso	permanent job
lavoro saltuario	temping job
lavoro stagionale	seasonal job
lealtà	loyalty
le	the (def. article f. pl.), to her, them
legge (f)	law
leggenda	legend
leggere	to read
lei/Lei	she/You (for)

Vocabulary

lentiggini (pl)	freckles	messicano	Mexican
lento	slow	metropolitana	tube
lettera	letter	mettere in scena	to stage
lettere (pl)	humanities	mezza pensione (f)	half board
letto	bed	mezzanotte (f)	midnight
li	them	mezzogiorno	midday
lì	there	migliorare	to improve
libero	free	migliore	better, best
libertà	freedom	militesente	exempt from National
libreria	bookcase/bookshop		Service
libro	book		
liceo coreutico	arts and dance school	Ministero della	Department of
lingua straniera	foreign language	Pubblica Istruzione	Education
lingue (pl)	languages	misto	mixture/mixed
liscio	straight	moda	fashion
litigare con	to argue with	modello/a	model
lo	the (def. article m.	moderno	modern
	sing.), it, him	modo	way
		moglie (f)	wife
locale (m)	entertainment venue	moltissimo	a lot
lontano	far	molto spesso	very often
luglio	July	monaco	monk
lui	he	monotono	monotonous/boring
luminoso	light	montagna	mountain
lunedì	Monday	monumento	monument
lungo	long	morire	to die
luogo	place	morto	dead
lussureggiante	luxuriant	mostra	exhibition
		museo	museum
		musica dal vivo	live music
ma	but		
macchina	car		
madre (f)	mother	naso	nose
maggio	May	Natale (m)	Christmas
maglione (m)	sweater	nazionalità	nationality
magro	thin	nazione (f)	nation
mai	never/ever	neanche	not even
mangiare	to eat	neanche a me/a me no	neither do I/I don't
mano (f)	hand	negozio	shop
mansione (f)	duty	neozelandese	New Zealander
mare (m)	sea, seaside	nero	black
marito	husband	nigeriano	Nigerian
marocchino	Moroccan	nipotino/a	nephew/niece
marrone	brown	no	no
martedì	Tuesday	noce	nut/walnut
marzo	March	noioso	boring
materia	subject	nome (m)	name
materiale	materialistic	nome d'arte	stage name
matrimoniale	double	non	not
matrimonio	marriage	non ancora	not yet
mattina	morning	non ti pare?	don't you think?
medicina	medicine	nonna	grandmother
medico	doctor	nonno	grandfather
Medio Oriente	Middle East	norvegese	Norwegian
mensa	canteen	notte (f)	night
mensola	shelf	novembre	November
mercato	market	novità	the latest
mercoledì	Wednesday	numero di telefono	telephone number
mese (m)	month	numeroso	large

nuotare	to swim	per favore/cortesia	please
nuovo '	new	per niente	not at all
		perché	because/why
o	or	perciò	so/therefore
occhi	eyes	perdere	to lose
occhiali (pl)	spectacles	perdere la testa per	to be madly in love
occuparsi di	to deal with, to work with	qualcuno	with somebody
		perditempo	time waster
occupato/a	busy	periferia	suburbs
oceano	ocean	però	but/however
odiare	to hate	persona	person
offerta	offer	personalità	personality
oggi	today	pesante	heavy
ogni tanto	every now and then	pesce (m)	fish
olandese	Dutch	pettegolo	gossip
oltre (a)	apart from/over	piacere	to like
ondulato	wavy	piacere da morire	to like very much
ora	hour/now	pianista (m/f)	pianist
ora di pranzo	lunchtime	piano	floor
ora tocca a te	now it is your turn	pianta	plant
ordinare	to order	piazza	square
ordinario	common	piccolo	little/young
ordinato	tidy	pieno di	full of
orecchino	earring	piovere	to rain
organizzazione	environmental	piscina	swimming pool
ambientalista	organisation	piumone (pl)	duvet
ospedale (m)	hospital	pizzeria	pizza house
ottima conoscenza	very good knowledge	poco conosciuto	little known
ottimo	very good	poesia	poetry
ottobre	October	poi	then
		pollo	chicken
		poltrona	armchair
padre (m)	father	pomeriggio	afternoon
pagare	to pay	pomodori secchi (pl)	sun-dried tomatoes
paio	pair	pomodoro	tomato
pakistano	Pakistani	porta-finestra	French window
palestra	gym	portare	to have/to wear
pantaloni	trousers	portare al successo	to make famous
panino	roll	porto	port
parcheggio	parking facilities	portoghese	Portuguese
parco	park	posto	place
parrucchiere/a	hairdresser	potere	to be able to/can
partire	to leave	non poterne più	to be fed up
partita	game	pranzare	to lunch/have lunch
partito	political party	pranzo	lunch
passando davanti	passing by, going past	preferire	to prefer
passare	to pass	pregare	to pray
passeggero	passenger	prego	not at all
patatine fritte (pl)	chips	prendere	to take/to have/ to pick up
patente	driving licence	prendere il sole	to sunbathe
pavimento	floor	prenotare	to book
pazzo	mad, crazy	prenotazione (f)	booking
penna	pen	preparare	to prepare
pensare	to think	presso	at the/near
pensione completa (f)	full board	presto	early/soon
in pensione	retired	prezioso	precious
per	for/in order to	prima (di)	before

Vocabulary

prima di tutto	first of all	ricambiare	to reciprocate/ to return
primo	first	riccio	curly
primo (piatto)	first course	richiamare	to call back
principio	principle	riconoscersi	to recognise each other
privo	without		
problema (m)	problem	riferimento	reference
professione (f)	profession	in riferimento a	with reference to
professione attuale	current occupation	rilassante	relaxing
professionista (m/f)	professional	rimanere	to stay/to remain
profondo	deep	Rinascimento	Renaissance
promettere	to promise	rinnovato	renovated
pronto	ready/hello (phone)	rinomato	renowned/well-known
proprio lì	right there	riparare	to repair
prosciutto	ham	ripetere	to repeat
prossimo	next	ripostiglio	storeroom
protagonista (m/f)	hero/main character	risarcibile	refundable
psicologo/a	psychologist	riscaldamento	central heating
pulire	to clean	riservato	reserved
		rispondere	to answer
quadrimestre (m)	term	risposta	answer
qualche volta	sometimes/ occasionally	ristorante (m)	restaurant
		robusto	robust/sturdy
qualcosa	something	romanzo	novel
quale	what/which	rompersi	to break
quant'è?	how much is it?	rosa	pink
quanti	how many?	rosso	red
quanto	how much?	rumoroso	noisy
quanto pago?	how much do I owe you?		
		sabato	Saturday
quartiere	district	sala da pranzo	dining room
quarto	fourth, quarter	salotto	lounge, parlour
quasi	almost	salutare	to greet
quasi mai	hardly ever	salutare (adj)	healthy
questo	this	salve	hello/hi, goodbye (inf)
qui	here	sano	healthy/sound
qui vicino	nearby	sapere	to know
quinto	fifth	fammi sapere	let me know
		saporito	tasty
raccontare	to tell	sbagliare	to make a mistake
ragazza alla pari	au pair	sbagliato	wrong
ragazzo/a	boy/girl	scaffale (m)	shelf
ragioniere/a	accountant/ bookkeeper	scala	staircase
		scambio	exchange
rapporto	relationship/rapport/ report	scarpa	shoe
		scatola	box
raramente	rarely	scendere	to get off
reciproco	reciprocal	scena	scene
recitare	to act	scenetta	sketch
regalo	present	scheda di prenotazione	booking form
regione	region	sciare	to ski
regista (m/f)	director	sciarpa	scarf
requisito	requirement	sciocco	silly
pari requisiti (pl)	same requirements	sconto	discount
residenza	residence	scopo	aim/objective
resoconto	account/report	scopo amicizia	with view to friendship
restituire	to give back	scorso	last

scortese	impolite	spiaggia	beach
scozzese	Scottish	spiritoso	witty
scrittore (m)	writer	spirituale	spiritual
scrivania	desk	sporco	dirty
scrivere	to write	sportivo	sporty
scuola	school	sposato	married
scuola di ballo classico	ballet school	spremuta	freshly squeezed juice
scuola superiore	secondary school	spumante (m)	sparkling white wine
scuro	dark	stabile	stable
scusare	to excuse	stadio	stadium
se	if	stancarsi	to get tired
secchione (m)	swot	stanco	tired
secco	dry	stanza	room
secondo	second	stasera	this evening/tonight
secondo (piatto)	second course	stato civile	marital status
sedia	chair	stazione ferroviaria (f)	railway station
segretario/a	secretary	stilista (m/f)	fashion designer
segreteria	faculty office	stimolante	stimulating
selezionare	to select/to shortlist	stipendio	salary
selvaggio	wild	stirare	to iron
semaforo	traffic lights	storico	historical
semplice	simple	strada	road/street
sempre	always	la prima strada a destra	the first turning on the right
sentire	to hear		
sentirsi male	to feel sick	straniero	foreign
sentirsi meglio	to feel better	straordinario	extraordinary
senza	without	stressante	stressful
senza valore	worthless	stretto	narrow
sera	evening	strisce pedonali (pl)	zebra crossing
servizi immobiliari (pl)	estate agent	studente (m)	student (m)
servizi richiesti (pl)	requirements	studentessa	student (f)
servizio	service	studiare	to study
settembre	September	studio	studio
settimana	week	su	over, on top of
sì	yes	subito	immediately
sigaro	cigar	succo di frutta	fruit juice
simile	similar	sud	south
simpatico	nice, pleasant	sul mare	by the sea
sistema scolastico (m)	school system	suonare	to ring/to go off/to play (instrument)
snello	slim		
soddisfare	to satisfy	superare	to overcome/to be over
soddisfatto	satisfied		
soggiorno	living room	superficiale	superficial
sognare	to dream	supermercato	supermarket
sogno	dream	supplemento	supplement
(i) soldi (pl.)	money	svedese	Swedish
sole (m)	sun	sveglia	alarm clock
soleggiato	sunny	svizzero	Swiss
solo	only		
sopra	on top of, above		
sorella	sister	tabaccaio	tobacconist
sorgere del sole	sunrise	tailandese	Thai
sotto	under	tanto	a lot
spagnolo	Spanish	tappeto	carpet
spazioso	spacious	tardi	late
specchio	mirror	tatuaggio	tattoo
spedire	to send	tavolo	table
spesso	often	teatro	theatre

179

Vocabulary

tedesco	German	vacanza	holiday
tempo	weather	valigia	suitcase
tenda	curtain	vanitoso	vain/conceited
terzo	third	vasca da bagno	bathtub
tetto	roof	vecchio	old
timido	shy	vedere	to see
tirocinio	training	non vedo l'ora	I can't wait/I'm
titolo di studio	academic		looking forward to
	qualifications	vedova/o	widow/widower
tornare	to return	vegetariano	vegetarian
torrente	torrent	veloce	fast
torta	cake	vendere	to sell
tostapane (m)	toaster	venerdì	Friday
tra/fra	in, between, among	venire	to come
tra/fra tre giorni	in three days' time	venire a trovare	to visit
traduttore/traduttrice	translator	veramente	really
traghetto	ferry	verde	green
tram (m)	tram	verso	approximately/around
tramezzino	sandwich	vespa	scooter
tranquillo	quiet	vestiti (pl)	clothes
trasferirsi	to move	vestito	suit/dress
tratto da	taken from	vetrinista	window dresser
treno	train	viaggiare	to travel
triennio	three years	vicino a	next to
troppo	too much/too	vicolo	alley
trovarsi	to be situated	villaggio turistico	tourist resort
tufo	tuff rock	viola	purple
turco	Turkish	vista	view
turistico	touristic	vista sul mare	sea view
tutto	all	vita	life
tutto il giorno	the whole day/all day long	vivace	bright/lively
		vivere	to live
		vivo	alive
		volere	to want
ubriacarsi	to get drunk	vongole (pl)	clams
uccello	bird		
ufficio informazioni	information desk		
ufficio postale	post office	zia	aunt
un	a/an (indef. article m.)	zio	uncle
un'	a/an (indef. article f.)	zoologo/a	zoologist
una	a/an (indef. article f.)	zucchine (pl)	courgettes, zucchinis
un attimo	just a moment		
un sacco/moltissimo	a lot/very much		
unico	only		
unità sanitaria locale	local health service		
università	university		
uno	one, a/an (indef. article m.)		
uomo	man		
uscire	to go out		
uscire di casa	to leave home		

ANSWERS

UNIT 1

4 università, facoltà, Ingegneria, Architettura, Lettere, Filosofia, Psicologia

5 Men: Paolo, Alberto, Fabio, Daniele, Simone, Francesco, Gastone, Antonio, Livio, Mauro, Giuseppe, Roberto, Davide, Marco, Massimo, Lauro, Valerio, Romeo, Claudio, Alessio, Dario, Luciano, Pietro, Riccardo, Ugo. **Women:** Chiara, Teresa, Anna, Daniela, Adele, Adelaide, Carmela, Rosaria, Caterina, Mara, Cinzia, Milena, Irene, Laura, Franca, Carla, Ivana, Susanna, Silvana, Lucia, Gemma, Gioia.

7 a Buonanotte. **b** Buonasera. **c** Buongiorno. **d** Arrivederci/Ciao. **e** Arrivederci/Ciao. **f** Buongiorno. **g** Arrivederci. **h** Ciao. **i** Arrivederla.

8 a 1 Ramon Lopez, Valencia, Genova. **2** Mi chiamo, Sono, di, a.

9 Sei italiano? Sei irlandese?

10 1 Italia **2** Francia **3** Spagna **4** Portogallo **5** Germania **6** Svizzera **7** Inghilterra **8** Irlanda **9** Olanda **10** Austria **11** Grecia **12** Belgio **13** Ungheria

11 francese, italiano, americana, indiano, inglese, francese, tedesco, italiana, americano, scozzese

12 a Daphne, francese, Parigi **b** Francesco, italiano, Milano, Filosofia **c** Gabriella, brasiliana, Rio **d** Ingo, tedesco, Francoforte **e** Efi, greca, Atene, Economia **f** Judith, inglese, Bristol **g** Paulo, portoghese, Lisbona, Informatica

13 a Mark is from Manchester. **b** Architecture. **c** 3rd year. **d** He wants to go and live in Italy.

Esercizi di grammatica

1 a italiana **b** francese **c** nigeriana **d** spagnolo **e** brasiliana **f** tedesca **g** canadese **h** austriaco **i** inglese **j** giapponese **k** algerino **l** messicano

2 a ti, mi **b** si, mi **c** ti, mi **d** si

3 a abita, abito **b** sono, abito **c** sei, sono **d** si chiama, mi chiamo **e** studi, studio **f** abita, abito **g** è, sono

4 a Che cosa **b** Dove **c** Di dove **d** Come

UNIT 2

1 the architect – l'architetto, the translator – il traduttore/la traduttrice, the secretary – il segretario/la segretaria, the student – lo studente/la studentessa, the policeman/policewoman – l'agente di polizia, the psychologist – lo psicologo/la psicologa, the actor/actress – l'attore/l'attrice, the teacher – l'insegnante, the zoologist – lo zoologo/la zoologa

2 a Mi chiamo Paolo, Milano, svedese, psicologo, traduttrice. **b** Mi chiamo Mark Phillips, finlandese, agente di polizia.

3 Si chiama Leonardo Di Caprio, è americano, è attore e abita a Los Angeles.

4 Si chiama Kate, Sheffield, Firenze, architetto.

7 Francesca: italiana, sposata, 23 anni, studentessa, 25 Gray's Inn Road, London WC1X 7JE, tel. 0207 278 6357 **Mark:** irlandese, sposato, 25 anni, traduttore, same address and tel. no. as Francesca.

8 Come ti chiami? – Francesca; Di dove sei? – Di Roma; Dove abiti? – Abito a Londra; Che lavoro fai? – Sono studentessa; Sei sposata? – Sì; Quanti anni hai? – Ho ventitré anni; Qual è il tuo indirizzo? – Il mio indirizzo è: 25 Gray's Inn Road, London; Qual è il tuo numero di telefono? – Il mio numero di telefono è 0207 278 6357.

9 Mi chiamo Nicoletta Matta, Sono di Pisa, Ho ventun'anni, Sono studentessa, No, Via Garibaldi 33, 33 41 60.

10 a moglie **b** fratello **c** sorella **d** figlio **e** marito **f** figlia **g** padre **h** madre **i** zio **j** zia **k** nonno **l** nonna

11 a mio, mia, mio, mia, mia, mio, mia **b 1** True **2** False (it is Paola who lives with her grandmother) **3** False (uncle Enzo has only two sisters)

12 la signora, cinquantanove (59), il signor, sessanta (60), l'attore.

13 Mark: Scottish, from Glasgow, lives in Zurich, zoologist. **Luisa Terracciano:** Italian, from Naples, lives in Birmingham, doctor. **Kurt Geller:** Swiss, from Berne, lives in Rome, secretary.

181

Answers

14 **a** She met the man of her life. **b** He is Iranian, but lives in London. He is 32, works as an architect and is very handsome. **c** He isn't divorced yet. **d** She got a new job.

Esercizi di grammatica

1 l'insegnante, lo studente, la studentessa, il cameriere, lo scrittore, l'attore, l'attrice, l'ingegnere, il medico, l'infermiera, la cameriera, la psicologa, la zoologa, il commesso, il ragioniere, la casalinga, la modella

2 **a** Lisa è brasiliana, abita a Roma, ha 25 anni, è studentessa di Medicina. **b** Theresa è australiana, abita a Sydney, ha 41 anni e fa l'assistente sociale. **c** Bernd è tedesco, abita a Heidelberg, ha 33 anni, è ingegnere. **d** Simone è italiano, abita a Tel Aviv, ha 29 anni e fa il biologo.

3 **a** Quanti anni hai? Quanti anni ha? **b** Qual è il tuo numero di telefono? Qual è il suo numero di telefono? **c** Di dove sei? Di dov'è? **d** Qual è il tuo indirizzo? Qual è il suo indirizzo? **e** Sei sposata? È sposata? **f** Che lavoro fai? Che lavoro fa?

4 **a** sua **b** mio, mia **c** tuo **d** sua

5 architetti, medici, studenti, commesse, nonno, zio, zia, padre, traduttrici, nonna

UNIT 3

2 **a** **1** Sono le cinque e mezza. **2** Sono le due meno venti. **3** Sono le quattro e un quarto. **4** Sono le otto. **5** Sono le sei meno dieci. **6** È l'una.

3 **a** 5.10 **b** 8.15 **c** 12.50 **d** 12.25 **e** 12.00 **f** 5.45 **g** 9.30

4 the bank – la banca, the supermarket – il supermercato, the discotheque – la discoteca, the museum – il museo, the faculty office – la segreteria, the library – la biblioteca, the canteen – la mensa, the archive – l'archivio, the information desk – l'ufficio informazioni, the newsagent's – l'edicola

6 **a** la biblioteca, otto e trenta, diciannove e trenta **b** le banche, nove, due

8 **La mattina:** alle otto, e poi, alle nove, e **Il pomeriggio:** all'una e mezza, dopo, alle cinque, cinque e mezza, Poi, e **La sera:** alle otto, poi **La notte:** verso, e.

9 vado – andare, faccio la doccia – fare la doccia,

torno – tornare, ceno – cenare, pranzo – pranzare, mi alzo – alzarsi, esco – uscire, mi riposo – riposarsi, studio – studiare, faccio colazione – fare colazione

12 dopo, casa, alle, poi, e

17 **Negozi:** open 8.30 am and 4 pm, close 1 pm and 8 pm **Discoteca:** opens at about 11 pm, closes 2.30/3 am **Mensa:** opens at 12 midday and 6.30 pm, closes 2.30 pm

18 **Morning:** she gets up at 8 am, listens to the radio news while she gets ready, 8.30/8.45 breakfast, until 12.30/1.00 library **Afternoon:** 1.00/2.00 pm lunch in the canteen with friends, coffee in a bar with friends, 2.00/5.00 pm lessons **Evening:** swimming, 7.00 pm back home, 8.00 pm dinner, then studies until 9.30/10.00 pm, watches television, listens to music, makes phone calls **Night:** goes to bed around midnight

Esercizi di grammatica

1 i, le, gli, gli, i, i, i, le, le, le, gli, i, le, le/gli, gli, gli, le, gli

2 **a** è **b** sono, è **c** sono **d** è, sono **e** è, sono **f** sono, è

3 **a** ceno **b** studiamo **c** torni **d** fa **e** dorme

4 Mi chiamo, si chiama, si alza, si lava, mi riposo, mi diverto, esco, lavora

5 **a** esco **b** va **c** fa **d** fai **e** esci **f** vado

UNIT 4

1 **a** leggere, andare al cinema **b** cucinare, uscire con gli amici **c** fare una passeggiata, andare a ballare

3 **a** Anche a me. **b** A me sì. **c** Neanche a me. **d** Anche a me. **e** A me no.

4 **Accordo:** Anche a me. Neanche a me. **Disaccordo:** A me no. A me sì.

6 piacciono, piace, piace, piacciono, piacciono

8 **a** 1 **b** 4 **c** 5 **d** 3 **e** 2

10 1, 7, 4, 2, 6, 5, 3, 8, 9

12 **a** caffè **b** vino **c** teatro **d** pizza **e** Roma **f** aranciata

14 sempre – molto spesso – spesso – qualche volta – ogni tanto – raramente – quasi mai – mai

15 non, quasi mai, raramente, ogni tanto, qualche

volta, qualche volta, ogni tanto, spesso, molto
spesso, non, mai, sempre

18 a Va mai in biblioteca? **b** Va spesso in piscina?
c E Lei, legge spesso il giornale? **d** Scusi, Lei va
mai in palestra?

20 Cinema: Mario likes the cinema because it is
relaxing. Elena likes the cinema because it is
interesting. **Theatre:** Mario doesn't like the
theatre because it is boring. Elena likes the
theatre. **Restaurant:** Mario prefers cooking.
Elena likes restaurants because she hates
cooking. **Gym:** They both like the gym because
it is healthy.

21 a True **b** False. S. (sleeps and) always dreams
about Susanna. **c** True **d** False. Susanna has a
sexy voice. **e** False. S. thinks that love is a
contagious illness.

Esercizi di grammatica

1 a piace, piacciono **b** piace **c** piacciono
d piace **e** piacciono

2 a Le piace **b** Tu preferisci **c** Ti piacciono
d E lei cosa preferisce

3 To agree: a Anche a me. **b** Neanche a me
c Neanche a me. **d** Anche a me. **e** Anche a
me. **To disagree: a** A me no. **b** A me sì.
c A me sì. **d** A me no. **e** A me no.

5 a Non mangio mai la carne perché sono
vegetariano. **b** Qualche volta mi piace fare una
passeggiata nel parco. **c** Ogni tanto vado al
ristorante e spesso invito amici a cena. **d** Non
guardo quasi mai la televisione perché
preferisco leggere.

UNIT 5

1 1 panino al prosciutto **2** tramezzino **3** caffè
4 tè **5** aranciata **6** gelato **7** birra **8** acqua
minerale **9** cioccolata **10** cornetto **11** succo
di frutta **12** Coca Cola **13** spumante
14 cappuccino **15** aperitivo **16** spremuta
d'arancia

2 1 il **2** il **3** il **4** il **5** l' **6** il **7** la **8** l' **9** la
10 il **11** il **12** la **13** lo **14** il **15** l' **16** la

3 1 un **2** un **3** un **4** un **5** un' **6** un **7** una
8 un' **9** una **10** un **11** un **12** una **13** uno
14 un **15** un **16** una

5 a €5,35 **b** €4,50 **c** €3,25 **d** €12,20

6 a 3 **b** 1 **c** 4 **d** 2

8 antipasti: gamberetti in salsa rosa, prosciutto

e melone, salumi e olive, bruschetta, insalata
caprese **primi:** risotto alla pescatora, gnocchi
al pesto, spaghetti alle vongole, linguine alla
'Spiaggia d'Oro', ravioli agli spinaci **secondi:**
bistecca ai ferri, pesce alla griglia, pescespada
alla griglia, calamari fritti, pollo alla diavola,
polenta alla valdostana, capretto **contorni:**
insalata mista, patatine fritte, zucchine fritte,
peperonata **dessert:** tiramisù, gelati, torta al
limone, cassata siciliana, macedonia di frutta,
crostata di frutta

9 caprese, gamberetti in salsa rosa, linguine alla
'Spiaggia d'Oro', gnocchi al pesto (mentioned,
but not ordered), ravioli agli spinaci, calamari
fritti, insalata mista, peperonata, vino bianco
della casa, acqua minerale

10 Scusi, vorrei, Cosa sono, Prendo, Abbiamo,
Anche per me, preferisco, Da bere

13 1 riscaldamento **2** aria condizionata
3 piscina **4** campo da tennis **5** mezza
pensione **6** pensione completa **7** TV
8 bancomat **9** telefono **10** bagno **11** doccia
12 camera doppia **13** camera tripla **14** minibar
15 camera singola **16** parcheggio **17** bar
18 ristorante **19** discoteca **20** sul mare
21 centro

15 vorrei, camera singola, bagno, notte, con
doccia, colazione, C'è, ci sono, c'è, prendo,
piano, passaporto

17 gennaio, febbraio, marzo, aprile, maggio,
giugno, luglio, agosto, settembre, ottobre,
novembre, dicembre

18 The girl orders: 1 coffee – €1,10; 1 mineral
water – €1,30; 1 ice cream – €1,50 **The boy
orders:** 1 beer – €2,00; 1 ham roll – €2,75

19 Nome: Lucia Patroni **Tipo di camera:** singola
senza bagno **Periodo:** 20–23 maggio **Prezzo:**
€40,00 **Servizi richiesti:** telefono, TV

Esercizi di grammatica

1 i cappuccini, le spremute, i succhi di frutta, i
panini, i cornetti, le birre, i tè, gli amari, i gelati,
i tramezzini, gli aperitivi, le paste, i caffè, le
Coca Cole

2 una, un, un, un, un, un, una, un, una, una, un,
una, un, un, una

3 a c'è **b** Ci sono **c** Ci sono **d** Ci sono **e** c'è

4 a in, a, al **b** in **c** con/da, da **d** in, in, al **e** di,
in, a

5 state, sono, siamo, ci alziamo, passeggiamo,

vediamo, facciamo, passiamo, ci riposiamo, andiamo, balliamo, torniamo, fate

UNIT 6

1 ingresso, soggiorno, giardino, cucina, ripostiglio, sala da pranzo, camera da letto, bagno, studio, garage

2 ideale, bella, grande, spaziosa, piccolo, luminoso, incolto, selvaggio, tranquillo, accogliente, moderna, buio, ordinata, fredda, carine, colorate, vecchio, lungo, stretto

3 **a** to the right of **b** to the left of **c** at the end of **d** next to **e** in front of **f** between

4

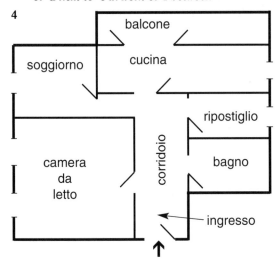

5 **a** 5 **b** 1 **c** 4 **d** 2 **e** 3

7 **Kitchen:** la cucina, il tavolo, il lavello, la lavatrice, le tende, il forno a micro-onde, la lavastoviglie, il frigorifero, le sedie **Bedroom:** la lampada, il comodino, il letto, le tende, il quadro, il piumone, la scrivania, lo specchio, l'armadio, il tappeto, lo scaffale **Bathroom:** la vasca da bagno, le tende, la doccia, il bidè, il lavandino, lo specchio **Living room:** il divano, il lampadario, la poltrona, le tende, la libreria, il quadro, il divano-letto, lo specchio, il tappeto, lo scaffale

8 tende, letto, alla, al, comodino, lampada, armadio, della, scrivania, al, della, sulla, scaffali, scrivania

9 alla = a + la, al = a + il, della = di + la, al = a + il, della = di + la, sulla = su + la, sugli = su + gli, della = di + la

10 Dble rm for F, Rent £520 PCM, Bills exc, Dep £520, Nr tube/BR, Non-smoker, 07887 66307, Cat lover.

11 **Mara:** 1, 9, 11, 5, 15, 13, 7, 3, 17
Proprietaria: 2, 18, 12, 4, 16, 6, 10, 14, 8
Mara: Buongiorno. Ho visto l'annuncio sul giornale.
Proprietaria: Ah, per la camera, vero?
Mara: Sì, certo. Com'è la camera.
Proprietaria: Ha un letto matrimoniale, è bella, spaziosa, con uso cucina.
Mara: E dove si trova esattamente?
Proprietaria: A Pimlico, vicino alla metropolitana e anche alla stazione ferroviaria.
Mara: Ah, bene. È molto centrale. E scusi, ma quant'è l'affitto?
Proprietaria: 520 al mese. Il gas, l'elettricità e il telefono si pagano a parte.
Mara: E c'è una cauzione da pagare?
Proprietaria: Sì, prendo un mese di anticipo, risarcibile naturalmente. Senta posso farle alcune domande?
Mara: Sì, certo.
Proprietaria: Lei fuma?
Mara: No, non fumo.
Proprietaria: Ah, bene, perché, sa, vorrei una ragazza che non fuma. E le piacciono i gatti?
Mara: Sì, moltissimo. Adoro tutti gli animali.
Proprietaria: Perfetto. Senta, vuole venire a vedere la camera?
Mara: Sì, quando?
Proprietaria: Anche subito. L'indirizzo è …

12 **a** sono, camera, Vorrei, sapere, spaziosa, il riscaldamento, libera, pagare, venire, alle

14 **a** **1** True **2** False. The Benedictine monks founded the churches. **3** True **4** False. There is one provincial town without a railway station. It is Matera.

b tranquillo – rumoroso; genuino – artificiale; stimolante – noioso; accogliente – freddo; semplice – complesso; saporito – insipido; straordinario – ordinario; profondo – superficiale; prezioso – senza valore; spirituale – materiale; diverso – simile; arido/brullo – lussureggiante; isolato – centrale

15 **London: 1** two storied houses **2** garden **3** small functional kitchen **4** fitted carpet **5** untidy, 'lived-in' houses **6** no window in the bathroom, only an air vent **Bologna: 1** people live in flats **2** Italian flats are large, whereas in GB flats are usually small **3** balconies instead of gardens **4** tiled floors, almost never fitted carpets **5** the kitchen is the most 'lived-in'

room **6** tidy, very clean flats/houses **7** some rooms are only used when there are guests, e.g. parlour **8** in the bathroom there is generally a bidet and a window

16 The most suitable flat is the one 'IN PIAZZALE EUROPA', although there might be a problem with the duration of the letting – 3 to 6 months only.

Esercizi di grammatica

1 **a** sulla **b** nella **c** sullo **d** nell' **e** sulle **f** sugli **g** nei

2 sotto, nel, della, accanto, nella, di fronte, sul, sulla, sul, sul

UNIT 7

2 **a 1** di fronte **2** accanto, di fronte **3** dopo **4** prima, sinistra

3 **a** La questura **b** L'università **c** La scuola **d** La mensa

4 **a** Scusi, dov'è la questura? (F) Scusa, dov'è la questura? (I) **b** Scusi, dov'è l'università? (F) Scusa, dov'è l'università? (I) **c** Scusi, dov'è la scuola? (F) Scusa, dov'è la scuola? (I) **d** Scusi, dov'è la mensa? (F) Scusa, dov'è la mensa? (I)

5 **a** Scusi, dov'è …? **b** Scusi, c'è …? **c** Scusi, c'è …? **d** Scusi, dov'è …? **e** Scusi, c'è …? **f** Scusi, dov'è …?

6 Giri – Turn, Vada – Go, Prenda – Take, Attraversi – Cross, Continui – Continue

7 **a** prenda, vada **b** va', prendi, attraversa **c** prenda, vada **d** vai, gira, continua

8 **a** F scusi, prenda, vada **b** I scusa, va', prendi, attraversa **c** F scusi, prenda, vada **d** I senti, scusa, vai, gira, continua

9 **a** True **b** False **c** True **d** False

10 complicato, autobus, fermata, semaforo, biglietto, angolo, scendere, fermata

12 1, 8, 6, 7, 2, 3, 9, 5, 4, 10

14 Vorrei un biglietto per Firenze. Solo andata. A che ora è la coincidenza? Va bene. Un biglietto di andata per favore. Da quale binario parte il treno? Grazie.

16

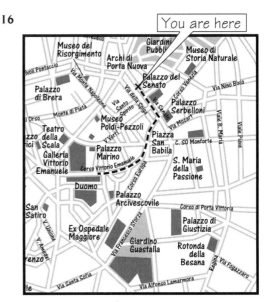

17 **a** One. **b** From Naples to Milan. **c** For that journey only.

Esercizi di grammatica

1 alla, dell', in, alla, al, Di fronte, al, Lì, scuola, nel, alla, dell'. A casa di Marco.

2 At the greengrocer's/Dal fruttivendolo

3 Vada, giri, prenda, vada, continua, vada, continua

4 Andate, girate, prendete, andate, continuate, andate, continuate

UNIT 8

1 **a** Let's go to the cinema – Accepts **b** Come to my house to dinner – Refuses **c** Let's have a drink – Accepts **d** Let's have a party for your birthday – Refuses

2 **a** Perché non beviamo un caffè? Ti va di bere un caffè? Beviamo un caffè? **b** Perché non facciamo una partita a tennis? Ti va di fare una partita a tennis? Facciamo una partita a tennis? **c** Perché non andiamo in piscina? Ti va di andare in piscina? Andiamo in piscina? **d** Perché non giochiamo a calcio? Ti va di giocare a calcio? Giochiamo a calcio?

3 **a** Why don't we go out for dinner tonight? **b** Let's go out with Marco. **c** Let's have a beer with my friends in town. **d** Let's go to the cinema.

4 **a** Refuses because she is on a diet. **b** Refuses because she is not very fond of Marco.

c Refuses because she doesn't like beer, in fact she is a teetotaller. **d** Refuses because she thinks it is boring.

6 sono, scusa, perché, vediamo, impegni, va, non, d'accordo, alle, bene

7 **When:** Quando ci vediamo? **Where:** Dove andiamo? **At what time:** A che ora ci vediamo? Facciamo alle 8?

8 **Answering the phone:** Pronto? Sì? Banco San Paolo, buongiorno. **Asking to speak to someone:** C'è Marco? Posso parlare con Giuliana? Vorrei parlare con il dottor Mancini. **Identifying oneself:** Sono Mario. Sono Mara.

11 **a 1** True **2** False. He has been studying Italian for two years. **3** False. They arrange to meet the following day. **4** False. It is Kevin who has a tattoo.

c Licia: sono alta, ho i capelli corti, lisci e biondi, porto gli occhiali. **Kevin:** sono abbastanza basso, sono magro, ho la barba e i baffi, sono bruno, ho i capelli ricci e lunghi, porto un orecchino al naso.

12 Licia è alta, ha i capelli corti, lisci e biondi e porta gli occhiali. Kevin è basso, magro, porta la barba e i baffi, è bruno, ha i capelli ricci e lunghi. Porta un orecchino al naso.

13 a Luca's uncle is **f**.

14 a Marlene **b** Robert **c** Marco **d** Paola **e** Luigi **b** simpatica, spiritosa, pettegola, antipatico, arrogante, dinamico, sportivo, 'un genio', intelligente, 'secchiona', gentile, altruista, timido **c a** 2 **b** 6 **c** 5 **d** 7 **e** 3 **f** 4 **g** 1

15 Città: Livorno **Regione:** Toscana **Posizione geografica:** Italia centrale **Popolazione:** 170.000 abitanti **Famosa per: a** storia e architettura, **b** città natale di Pietro Mascagni, **c** Partito Comunista Italiano **Luoghi da visitare:** ghetto ebraico, Piazza della Repubblica **Gite:** Isola d'Elba

Esercizi di grammatica

1 **a** lo **b** le **c** li **d** li **e** lo **f** lo

2 **a** vi **b** Le **c** gli **d** vi **e** le **f** vi

3 lo, gli, le, l'(la), gli, le

4 **a** Paolo è alto e robusto, ha i capelli ricci corti e gli occhi neri. È timido e pigro. **b** Mia madre è bassa e magra, porta gli occhiali e ha i capelli biondi. È dolce e allegra. **c** Marco e Luigi sono gemelli. Sono alti, hanno i baffi e la barba, i

capelli rossi e le lentiggini. Sono intelligenti e spiritosi. **d** Jill e Helen sono gemelle. Sono snelle, di media statura, e portano gli occhiali. Sono eleganti e ambiziose. **e** Il nonno di Sunil è anziano, calvo, con la barba lunga grigia. È alto e robusto. È dinamico e giovanile.

UNIT 9

1 **a** 1 **b** 7 **c** 5 **d** 2 **e** 3 **f** 6 **g** 4

2 Verbs with **avere:** ha mangiato, hanno incontrato, ha guardato, hanno ballato Verbs with **essere:** sono uscite, è andato, è arrivata, sono partiti

3 **a** Ho **b** Sono **c** Ho **d** Ho **e** Sono

5 ascoltare, ballare, finire, tenere, dormire, avere, partire, cadere, vendere, uscire

7 **a** stati, stata, andato, andati **b** fatto, finito, tornata, mangiato, addormentata **c** venute

8 **a** Sono stato **b** Sono andata, ho ballato **c** Ho fatto, sono venuti, ci siamo divertiti **d** Sono venuti, abbiamo fatto, siamo andati **e** Ho avuto, sono rimasto, mi sono alzato

13 **Giulia:** 8.00 all'; 9.00 caffè con amici; 10.00 dal, ho dovuto aspettare due ore; 12.00 in, ho studiato fino alle due; 14.00 da; 15.00 in; 16.00 in; 17:00 sono tornata a casa; 18.00 dal **Dario:** 8.00 mi sono svegliato; 9.00 al; 10.00 sono andato a lezione; 11.00 in; 12.00 ho incontrato Riccardo; 13.00 abbiamo pranzato insieme alla mensa; 14.00 siamo andati in; 16.00 da; 17.00 Laura ha chiamato per invitarci ad andare al cinema; 18.00 al

14 l', li, li, le, le, l'

15 il bagno – l'ha pulito Alessia, la spesa – l'ha fatta Barbara, i piatti – li ha lavati Carlo, le piante – le ha innaffiate Dario

16 **a** 19th February 1953 in San Giorgio a Cremano. **b** A theatre group. **c** *Ricomincio da tre*. **d** Antonio Skarnata's novel. **e** Because he was very ill with a heart disease.

17 è nato, ha cominciato, ha recitato, è nata, ha portato, hanno inaugurato, ha messo, hanno presentato, è uscito, ha avuto, ha diretto, ha segnato, si è aggravato, si è fatto, è riuscito

Esercizi di grammatica

1 **a** sei, sono **b** sono, ho **c** avete **d** sono **e** hai, è, ho

2 tornata, viaggiato, diventate, preso, attraversato, arrivate, preso, dormito, mangiato, divertite, conosciuto, giocato, cantato, ballato, fatto, visto

3 **a** hai lavorato, ho finito **b** ci siamo stancati/e **c** abbiamo fatto, ci siamo divertiti/e **d** ho giocato, sono caduto/a, mi sono rotto/a

UNIT 10

2 **a** Easy London **b** Cercasi insegnante **c** Per progetto **d** Ristorante-Birreria **e** Ti piacerebbe

3 **Date of interview:** Tuesday the 12th **Time:** 10 o'clock **Address:** Via S. Giacomo 35 **Other requirements:** experience, good knowledge of German

4 **Stato civile:** nubile **Indirizzo:** Via Cavour 65, 80132 Napoli **Titolo di studio:** laurea in Scienze Turistiche **Lingue conosciute:** tedesco, italiano, inglese e spagnolo **Professione attuale:** accompagnatrice turistica **Altre esperienze di lavoro e mansioni:** tirocinio presso Hotel Tramonti alla reception e si occupava delle prenotazioni.

6 **Name:** Angela Petrocchi **Nationality:** Italian **Marital status:** married **Place of residence:** Bologna **Academic qualifications:** Liceo Linguistico (A level languages) **Languages:** Italian, English, French, German **Professional experience and duties:** au pair, looking after two children, helping them with homework, cooking; window-dresser for a clothes shop **Present job:** works for Max Mara in Viareggio.

7 **a** Di dov'è? **b** Abita a Bologna? **c** Lei parla inglese, francese e tedesco, vero? **d** Dove ha lavorato? **e** E che cosa faceva? **f** Per quanto tempo ha lavorato lì? **g** Perché vuole cambiare? Non si trova bene?

9 **a** 1 insoddisfatta 2 un tiranno 3 trovare un lavoro nuovo 4 simpatici

b io ero, avevo, lavoravo, facevo; tu eri, avevi, lavoravi, facevi; lui/lei/Lei era, faceva; loro erano, lavoravano, facevano

11 **a** In three months she will finish university and get a degree. **b** She is going to Sicily first, then to South America. **c** Entertainer in a tourist resort.

13 **Rosaria** will be working all summer, she would like to go to Spain in September to see her sister. **Vittoria** is going to the seaside in Sardinia first, then to Sydney to see a friend for two months. She is planning to look for a job there.

15 **Piero Bindi:** 27, single, French/Spanish/German/English, dynamic/reliable, degree in modern languages, shop assistant/translator **Anna Mauri:** 26, married, French/English, sociable/determined, degree in tourism, worked in a hotel for two years/tour guide in USA

16 **Name of the school:** liceo Coreutico **Special subjects:** singing, acting, dancing **Duration:** five years **Requirements for admission:** students from 14 to 19 years old who have already studied dance at a high level

Esercizi di grammatica

1 **a** Mi sono laureato/a **b** ti sei diplomato/a **c** Mi sono diplomato/a **d** Abbiamo frequentato **e** ho visto, ho mandato

2 **a** fai **b** partite **c** va **d** cambiamo

3 **a** tra/fra **b** prossima **c** domani, dopodomani **d** prossimo

4 **a** vorresti **b** vorrebbero **c** vorrebbe **d** vorremmo

5 **a** lavoravo **b** era **c** avevamo **d** facevate **e** eravamo

ANCORA UN PO' DI PRATICA

Unit 1

1 Ancona Bari Cosenza Domodossola Empoli Firenze Genova Imperia Livorno Milano Napoli Otranto Torino Udine Venezia Zané

2 Gioco del lotto. Vincere è un gioco. Tirrenia. La Compagnia Italiana di Navigazione. Per ogni casa italiana c'è un Piumino Danese.

3 **Formal dialogue:** – Buongiorno. – Buongiorno. – Scusi, come si chiama? – Patrick McCarthy, e lei? – Anna Berti. – È italiana, vero? – Sì, di Torino. E lei? – Sono irlandese. **Informal dialogue:** – Ciao. – Ciao. – Come ti chiami? – Iracema, e tu? – Paolo – Di dove sei? – Sono italiano, di Roma. E tu? – Sono brasiliana, di Bahia.

4 **a** Mi chiamo Sophia Loren, sono **italiana**, di

Answers

Pozzuoli, abito a Ginevra. **b** Mi chiamo Diego Maradona, sono **argentino**, di Buenos Aires, e abito a Buenos Aires. **c** Mi chiamo Eros Ramazzotti, sono **italiano**, di Roma, abito a Milano. **d** Sono Bill Gates, sono **americano**, di Seattle, abito a Seattle. **e** Mi chiamo Gordon Brown, sono **scozzese**, di Glasgow, abito a Londra.

Unit 2

1 **a** cinque, diciannove, ventuno, ventitré **b** ventotto, ottantuno, settantadue, sessantasette **c** cinquantasei, cinquantatré, cinquantuno, cinquanta **d** trentatré, trentaquattro, trentotto, quarantatré

2 Si chiama Chiara Marella, è italiana, abita a Roma, è sposata, ha ... anni, fa l'insegnante.

3 **Sara:** mother, 52, architect, married, Naples. **Adriano:** father, 49, unemployed, married, Naples. **Giovanni:** brother, 20, student of medicine, married with a child, Naples. **Carmela:** sister-in-law, 19, student of sociology, married with a child, Naples. **Elena:** niece, 3 months, Naples.

Unit 3

1 **il:** professore, lavoro **lo:** zio, studente **la:** mensa, città, professione, cameriera, nazione, sera, notte **l':** alfabeto, università, infermiera, orologio, amica **i:** meccanici, pomeriggi, ragazzi **gli:** gnocchi, amici, uffici **le:** madri, studentesse

2 **Luca:** 23, Genova, Engineering, only child, mother: 46, civil servant; father: 50, trader. **Gemma:** 21, Vicenza, Psychology, 3 brothers, 4 sisters, 2 nephews; father: 73, old age pensioner; mother: 69, pensioner. **Marco:** 25, Trento, Sociology, one sister; father: dead; sister: 30, shop assistant; mother: 54, social worker.

3 1.30, 1.45, 5.35, 12.15, 5.30, 12.20, 12.55, 3.45, 6.40

4 **a** True **b** False **c** False **d** False **e** True **f** True

5 **b** Giorgio non fa colazione a casa, ma al bar. **c** Non pranza al bar, ma a casa. **d** Il pomeriggio Giorgio lavora dalle quattro alle sei e mezza.

Unit 4

1 **a** One week. **b** She goes to a café/bar in Soho. **c** Because there are many eccentric people that she likes observing. **d** She likes

it. **e** The weather.

3 **Sea:** Relaxing (Claudia) Too hot (Pratik). **Mountains:** Healthy (Pratik) It often rains (Claudia) **Countryside:** Peaceful, good food (Pratik) Nothing to do (Claudia) **Lakes:** You can windsurf (Pratik) Boring (Claudia) **London:** Lots to do (Claudia) Too expensive (Pratik) **Paris:** Romantic (Claudia) Too expensive (Claudia) **Cuba:** Good music, good food, nice and friendly people, beautiful weather and sea (Claudia) Wants to go there (Pratik)

4 **Across: 2** partono **3** vive **6** finiamo **7** prendete **8** preferiscono **9** abiti **10** finisco **11** compriamo **13** sei **Down: 1** ha **2** preferisci **4** ho **5** sono **9** affitti **12** amiamo

Unit 5

1 **Martha:** 19, French, Medicine, music and friends, 1 ice cream and 1 coffee, €4,50 **Helen:** 20, Greek, Languages, plays the guitar, swimming, 1 cappuccino and 1 mineral water, €3,75 **Paulo:** 23, Brazilian, Philosophy, friends, dancing, 1 ice-cold tea and 1 cheese sandwich, €2,90

2 **a** bar Alboran **b** bistrot La Contrada dell'Oca **c** Alboran **d** La Contrada **e** Alboran

3 **Across: 5** parcheggio **6** riscaldamento **7** doppia **8** tripla **10** aria condizionata **12** telefono **13** ristorante **Down: 1** bar **2** piscina **3** bagno **4** bancomat **8** televisione **9** singola **11** doccia

4 camera, una, con, prezzo, colazione, sono, la, la, il, albergo

Unit 6

1 **a** 4 **b** 5 **c** 6 **d** 1 **e** 2 **f** 3

2 **a** Pineta **b** Altura **c** In costruzione **d** Centrale **e** Altura, In costruzione **f** Campo San Giacomo, In costruzione **g** Campo San Giacomo, In costruzione **h** San Giacomo 3° piano

4 **Town centre Pros:** close to cinemas, theatres, restaurants, etc., can walk everywhere, good for shopping **Cons:** expensive, noisy, polluted, tiring

Suburbs Pros: quiet, peaceful, houses are bigger and cheaper, it is very green **Cons:** boring, transport is not so good, not as many shops as in the town centre

5 **a** il, la, l', la (l'armadio) **b** il, il, il, il (il tostapane) **c** il, il, la, la (la piscina) **d** il, la, il, il (il forno) **e** la, la, il, la (la penna)

Unit 7

1 **a** farmacia **b** cinema **c** parcheggio **d** cabina telefonica **e** tabaccaio **f** edicola **g** ufficio postale

3 Friday 9th May, 20:30, Stansted airport, Monday 12th May, 6:30, Stansted airport

4 **a** families, groups of 3 to 4 people **b** 30% discounted fare **c** group has to travel together **d** no **e** Carta Verde (12–26 years) Carta d'Argento (over 60)

Unit 8

1 **lunedì:** ore 17.00 dentista, 20–22 piscina **martedì:** 16–18 regalo per un'amica, 20–24 festa di compleanno di Giulia **mercoledì:** 20–22 piscina **giovedì:** 18 appuntamento con l'amica **venerdì:** 18–20 fare la spesa 20–22 cucinare 22–24 cena con amici a casa **sabato:** 7.00 partenza per Roma **domenica:** 22–24 ritorno da Roma

3 Nubile 38enne + Professionista 34enne, Ragazza 28enne + Ragazzo 31enne, Ciao sono Fabio + Mi chiamo Tonia, Vedova 48enne + Stupendo 62enne, Ragazza dinamica + Ragazza gay, Straniera 30enne + Sono Gino

Unit 9

1 **a** To learn a language and broaden horizons. **b** To be a secondary school student, aged 15–19, able to speak a foreign language. **c** Either for a term or for the whole year. **d** Living with a family. **e** Price varies according to needs. **f** Fourth year abroad better than third. **g** France, Germany, Austria. **h** The UK, because the school system is too different (only three subjects at 'A' level).

2 **Anna:** She went to Heidelberg (Germany) for one semester. She studied German Language and Literature at the university. In Heidelberg, she stayed in a student hall, made many new friends, improved her German. At first it was difficult to understand classes. **Giorgio:** He went to Barcelona, Spain. He studied Economics for one year. It was difficult to find accommodation in Barcelona, he shared a flat with four students. The exams were easy, the weather was great, he had a lot of fun. Barcelona is a very beautiful town. **Paola:** She went to Helsinki, Finland for one year. She studies Architecture. She stayed in a student hall, did not enjoy her stay, but had a very interesting experience nevertheless. The language was difficult but everyone spoke English.

Unit 10

1 **Franca:** teacher of Italian, sometimes works from 9 until late in the evening, the job is interesting and allows flexibility, has plenty of contact with students, her job is not permanent, there are some periods of time in which she doesn't make enough money. **Giovanni:** works in a bank (San Paolo), from 9 to 5, good experience, good career prospects, his job can be boring and stressful, his salary is good enough to allow him to live well in London.

3 **a** Creativity. **b** Fashion designers with a high school diploma plus specific qualifications in subjects related to fashion. You need a good knowledge of English, should not be over 27, should not have worked in companies which belong to Sistema Moda Treviso after June 98. **c** You have to send a passport size photo, CV, copy of school diploma and other qualifications, 2 copies of one or more sketches on A4 size paper.

INTONATION AND PRONUNCIATION

1 **b** 1 amici 2 Parigi 3 arrivederci 4 noce 5 generale 6 centro 7 gita 8 città 9 cenare 10 giro 11 cinese 12 francese

2 **b** 1 alberghi 2 ghiro 3 cherubino 4 dialoghi 5 righe 6 chiamo 7 Inghilterra 8 ghiaccio 9 lunghe 10 chiave

3 **b** 1 ca<u>rr</u>o 2 ca<u>s</u>a 3 que<u>ll</u>o 4 no<u>n</u>a 5 a<u>c</u>ido 6 ca<u>r</u>o 7 tu<u>tt</u>a 8 ro<u>ss</u>a 9 no<u>nn</u>a 10 qualco<u>s</u>a

4 **b** 1 sciare 2 asciugamano 3 sciarpa 4 scena 5 sciolto 6 scendere 7 ascensore 8 uscire 9 sciocco 10 sciame

5 **b** gnocchi: 3 falegname, 4 spagnolo, 6 cagnolino, 7 signora **foglia:** 1 paglia, 2 figlio, 5 famiglia, 8 cogliere

6 **a/b** 1 Lei è italiana? (Q) 2 Ti chiami Giorgio vero? (Q) 3 Sei medico. (S) 4 Lei è italiana. (S) 5 Mi passi lo zucchero? (Q) 6 Ha 18 anni. (S) 7 Sei medico? (Q) 8 Ti chiami Giorgio. (S)

APPENDIX

Unit 4 Glossario cont.

Ancora un po' di pratica

sono a Londra da una settimana	I have been in London for a week
initial difficulties	le prime difficoltà
compagni di corso	classmates
musica dal vivo	live music
cerco di studiare	I try to study
mi distraggo	I am distracted
tanta gente	a lot of people
moda pazza	crazy fashion
libertà	freedom
clima	weather
piove	it rains
il cielo è grigio e deprimente	the sky is grey and depressing
non vedo l'ora	I can't wait/I'm looking forward to

Unit 6 Glossario cont.

11

ho visto	I have seen
l'annuncio	advert
il giornale	newspaper
la cauzione	deposit
pagare	to pay
certo	of course
trovarsi	to be situated
l'animale	animal
fumare	to smoke
centrale	central
l'affitto	rent
subito	immediately
stazione ferroviaria	railway station
il mese	month
d'anticipo	in advance
risarcibile	refundable
posso farle alcune domande?	can I ask you a few questions?
il gatto	cat
a parte	separately

13

libero/a	free
il riscaldamento	central heating
prossimo/a	next (adj)

14

genuino	genuine
stimolante	stimulating
semplice	simple
saporito	tasty

straordinario	extraordinary
profondo	deep
prezioso	precious
spirituale	spiritual
diverso	different
arido	arid
brullo	bare
isolato	isolated
centrale	central
noioso	boring
complesso	complex
ordinario	common
materiale	materialistic
simile	similar
artificiale	artificial
insipido	insipid/tasteless
superficiale	superficial
lussureggiante	luxuriant
senza valore	worthless

Extra!

affittare	to rent
rinnovato/a	renovated
ampio/a	large
dividere	to share
l'ascensore	lift, elevator

Esercizi di grammatica

la giacca	jacket
il maglione	sweater
la mensola	shelf
la borsa	bag
il cassetto	drawer
il disco	record
la sveglia	alarm clock
suonare	to ring/to go off
inutilmente	in vain
sporco/a	dirty
i vestiti	clothes
disordinato/a	untidy
gli avanzi	leftovers
in alto	up/above
la sciarpa	scarf
il pavimento	floor

Lavoro di coppia

poco conosciuta	little known
industriale	industrial
caotico	chaotic
eterno	eternal
affollato	crowded
aperto	friendly/open
simpatico	friendly/nice
rilassante	relaxing
turistico	touristic

Ancora un po' di pratica

agenzia immobiliare	estate agent
servizi immobiliari	estate agent
il piano	floor
la cantina	cellar
soleggiato/a	sunny
bifamiliare	semi-detached
la penna	pen
il tostapane	toaster
il forno	oven

INDEX